首都圏版⑳　最新入試に対応！家庭学習に最適の問題集！！

東京農業大学稲花小学校

2024年度版 過去問題集

JN126444

合格までのステップ

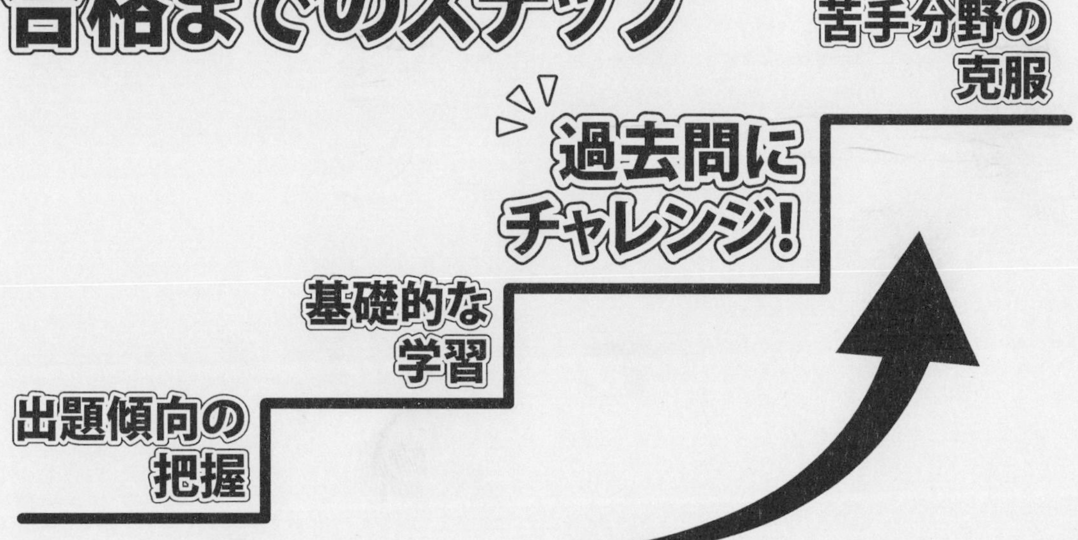

2020～2023年度
過去問題を掲載

日本学習図書（ニチガク）

ニチガク式学習支援!!

日本学習図書（ニチガク）

ニチガクの家庭学習支援

Web学習サポートサービス

こんなこと…ありませんか？

「ニチガクの問題集…買ったはいいけど、、、

この問題の教え方がわからない（汗）」

メールでお悩み解決します！

☆ ホームページ内の専用フォームで必要事項を入力！

☆ 教え方に困っているニチガクの問題を教えてください！

☆ 確認終了後、具体的な指導方法をメールでご返信！

☆ 全国どこでも！ スマホでも！ ぜひご活用ください！

＜質問回答例＞

学習のポイント

推理分野の学習では、後の学習に活きる思考力を養うことができます。ご家庭で指導する場合にも、テクニックにたよらず、保護者の方が先に基本的な考え方を理解した上で、お子さまによく考えさせることを大切にして指導してください。

Q.「お子さまによく考えさせることを大切にして指導してください」と学習のポイントにありますが、考える習慣をつけさせるためには、具体的にどのようにしたらいいですか？

A. お子さまが考える時間を持てるように、質問の仕方と、タイミングに工夫をしてみてください。
たとえば、「答えはあっているけど、どうやってその答えを見つけたの」「答えは○○なんだけど、どうしてだと思う？」という感じです。はじめのうちは、「必ず30秒考えてから手を動かす」などのルールを決める方法もおすすめです。

まずは、ホームページへアクセスしてください!!

http://www.nichigaku.jp　日本学習図書　検索

目指せ！合格！

家庭学習ガイド
東京農業大学稲花小学校

ペーパー　制作　制作　行動観察　親子面接

入試情報

募集人数：男子　36名　女子　36名
応募者数：男子512名　女子477名
出題形態：ペーパー、ノンペーパー
面　　接：保護者・志願者（オンラインで実施）
出題領域：ペーパー（お話の記憶、数量、図形、常識、言語）、
行動観察（運動含む）、制作（想像図）

入試対策

開校4年目となる2023年度入試は、4日間（11/1～11/4）の日程で行われ、後期日程はありませんでした。出願数は989名となりました。これは、都内屈指の約13.7倍の高倍率になります。
コロナ禍で行われた2023年度の入試では、オンラインで面接が実施されました。「自宅であまり緊張せずにできた」という声もありましたが、「リラックスしすぎてふざけてしまった」という声もありました。
2024年度入試でもZoomによるオンライン面接が実施される予定です。これまでとは違った対策が必要になってくると言えるでしょう。
2024年度入試は、昨年度と同じく11/1～11/4という試験日程になりました。詳細の発表はありませんが、複数出願ができなくなると考えてよいでしょう。今後の状況次第では、また変更が生じる可能性もあります。どんな状況にも対応できるように準備を整えておきましょう。

●出願時に1,080字程度の作文が課されています。保護者の教育に対する考え方を観るためのものなので、しっかりと時間をかけて書くようにしてください。

●面接では、基本的な質問のほかに、親子で絵本を読む課題もありました。この課題では、日常の親子関係やそれぞれの素の姿が観られます。ふだんの生活についても見直しておくとよいでしょう。

●当校では、例年、訂正に二重斜線を使います。試験前に指示があるので、指示通り行うようにしましょう。

●2023年度入試では、鉛筆、クーピーペン（青）を使用。感染症対策の観点から筆記用具は持参になりました。そのほかにも、細かな持参物の指示がありました。

「東京農業大学稲花小学校」について

＜合格のためのアドバイス＞

東京農業大学は、農学・生命科学分野に特化した全国でも数少ない大学であり、自然や食、地球環境など、幅広いテーマを教育・研究領域としています。東京農業大学稲花小学校は、この教育資源を活用した初等教育の実現を目指し、2019年4月に開校しました。59年ぶりに設立された東京23区内の私立小学校という話題性だけでなく、1日に7授業時数を設けることや、英語の授業が毎日あること、また体験型の学習プログラムを豊富に設けることなど、独自のカリキュラムでも注目を集めています。

ペーパーテストでは、しっかりとした基礎力が必要です。知識分野は、多くのことに好奇心を持ち、体験を通した知識を身に付けてください。また、図形や推理の分野では、図形や絵を見て特徴をすばやくつかめるよう、観察力を養うよう心がけましょう。指示や設問を正確に把握する集中力は、全分野において必須です。問題練習と生活体験を連携させ、実践力を伸ばしましょう。本書掲載の問題で傾向をつかみ、学習のポイントを参考にして家庭学習を行ってください。

行動観察は、指示された行動を周囲のことも考えながら行えるかというところがポイントです。また、面接（2023年度入試はオンラインで実施）では、質問に答えるだけでなく、絵本を見ながら親子で対話することも課題になっています。学校が観たいのは、ご家庭やお子さまの「ふだんの姿」です。小学校入試にあたって、形だけを整えるのではなく、日常生活そのものを捉え直すことが、試験対策にもつながります。

〈2023年度選考〉

◆ペーパーテスト
（お話の記憶、数量、図形、常識、言語）
◆行動観察
◆保護者・志願者面接
（Zoomにてオンラインで事前に実施）
◆保護者作文（願書提出時）

◇過去の応募状況

2023年度	男子512名	女子477名
2022年度	男子543名	女子419名
2021年度	男子674名	女子595名

入試のチェックポイント

◇受験番号は…
「生年月日順（試験日ごと）」
◇生まれ月の考慮…「なし」

東京農業大学稲花小学校

過去問題集

〈はじめに〉

現在、少子化が叫ばれているにもかかわらず、私立・国立小学校の入学試験には一定の応募者があります。入試は、ただやみくもに学習するだけでは成果を得ることはできません。志望校の過去における出題傾向を研究・把握した上で、練習を進めていくこと、試験までに志願者の不得意分野を克服していくことが必須条件です。そこで、本問題集は小学校を受験される方々に、志望校の出題傾向をより詳しく知って頂くために、出題頻度の高い問題を結集いたしました。最新のデータを含む精選された過去問題集で実力をお付けください。

また、志望校の選択には弊社発行の「**2024年度版　首都圏・東日本　国立・私立小学校　進学のてびき（４月下旬刊行予定）**」をぜひ参考になさってください。

〈本書ご使用方法〉

◆出題者は出題前に一度問題を通読し、出題内容などを把握した上で、〈 準 備 〉の欄に表記してあるものを用意してから始めてください。

◆お子さまに絵の頁を渡し、出題者が問題文を読む形式で出題してください。問題を読んだ後で、絵の頁を渡す問題もありますのでご注意ください。

◆「**分野**」は、問題の分野を表しています。弊社の問題集の分野に対応していますので、復習の際の目安にお役立てください。

◆一部の描画や工作、常識等の問題については、解答が省略されているものがあります。お子さまの答えが成り立つか、出題者が各自でご判断ください。

◆〈 時 間 〉につきましては、目安とお考えください。

◆本文右端の［**○年度**］は、問題の出題年度です。［**2023年度**］は、「2022年の秋に行われた2023年度入学志望者向けの考査で出題された問題」という意味です。

◆**学習のポイント**は、指導の際にご参考にしてください。

◆【**おすすめ問題集**】は各問題の基礎力養成や実力アップにご使用ください。

〈本書ご使用にあたっての注意点〉

◆文中に**この問題の絵は縦に使用してください。**と記載してある問題の絵は縦にしてお使いください。

◆〈 準 備 〉の欄で、クレヨン・クーピーペンと表記してある場合は12色程度のものを、画用紙と表記してある場合は白い画用紙をご用意ください。

◆文中に**この問題の絵はありません。**と記載してある問題には絵の頁がありませんので、ご注意ください。なお、問題の絵の右上にある番号が連番でなくても、中央下の頁番号が連番の場合は落丁ではありません。

下記一覧表の●が付いている問題は絵がありません。

問題１	問題２	問題３	問題４	問題５	問題６	問題７	問題８	問題９	問題10
							●		●
問題11	問題12	問題13	問題14	問題15	問題16	問題17	問題18	問題19	問題20
									●
問題21	問題22	問題23	問題24	問題25	問題26	問題27	問題28	問題29	問題30
	●								●
問題31	問題32	問題33	問題34	問題35	問題36	問題37	問題38	問題39	問題40
●	●							●	●
問題41	問題42								
●	●								

㊢ 先輩ママたちの声！

◆実際に受験をされた方からのアドバイスです。
ぜひ参考にしてください。

東京農業大学附属稲花小学校

・ペーパーは全範囲バランスよく対策をとっておくことと、頭の回転を速くすることが重要だと思いました。

・保護者作文と面接を重視していると感じました。子どもは話をしっかり聞いて、指示を守れる子が選ばれていると思います。

・ペーパー対策はもちろんですが、親子のつながりや家庭の雰囲気も重視されているような気がします。

・事前面接（オンライン）時に、絵本を用意しておくよう指示があり、選択に迷いましたが子どもに選ばせました。絵本に関しての質問もありましたが、好きな絵本だったので自信を持って考えを伝えられたと思います。

・面接（オンライン）が自宅だったのと校長先生がやさしかったので、子どもがふざけだしてしまいました。オンライン面接は、練習しておかないと難しいと感じました。

・ペーパーでは高い処理能力が求められます。点図形は複雑な物ではありませんでしたが、どのような形にも慣れておく必要があると思いました。

・保護者作文は重要です。保護者の学校への姿勢、職業観が観られていると感じました。コピーをとっておいて面接で答えられるようにした方がよいでしょう。

・ペーパーは解答時間が短い（特に点図形）ので、スピードが求められます。対策にはかなりの訓練を要すると思います。

・日頃から、お子さまの興味を中心に、季節の行事や体験を家族でたくさん共有されるとよいと思います。

・集合時間の30分前に開門されたので、トイレは学校に入ってからでも間に合うと思います。

◎学習効果を上げるため、前掲の「家庭学習ガイド」及び「合格のためのアドバイス」をお読みになり、各校が実施する入試の出題傾向を、よく把握した上で問題に取り組んでください。
※冒頭の「本書のご使用方法」「ご使用にあたっての注意点」も併せてご覧ください。

2023年度の最新入試問題

問題1　分野：記憶（お話の記憶）

〈準 備〉　クーピーペン（青）

〈問 題〉　お話を聞いて後の質問に答えてください。

今朝の太郎君はいつもより早く、誰にも起こされずに一人で起きました。お母さんは「あら、ずいぶん早く起きたのね。一人で起きられたんだぁ」といって太郎君を褒めてくれました。それには訳があって、今日は、お姉さんと２人でお爺さんとお婆さんのお家にお泊まりに行くことになっていました。太郎君は、リュックにパジャマと歯ブラシ、絵本とけん玉、を入れました。着替えは、おばあさんに用意してもらっているので持って行きません。二人は、お父さんに車で駅まで送ってもらい、ようやく電車に乗りました。空いていたので2人は座ることができました。太郎君はしばらく外を見ていると、だんだんとビルが少なくなり山や畑、木などが見えてきました。お爺さんさんとお婆さんのお家が近くなってきたので、太郎君はワクワクしています。二人はお腹が空いてきたので、お母さんが作ってくれた、竹の子ご飯と卵焼き、お肉の入ったお弁当を食べました。食べ終わると、もうすぐお爺さんとお婆さんが住んでいる駅に着きます。二人は降りる準備をしました。ドアのところへ行こうとしたとき、電車が急に揺れて、そばにいたお婆さんにぶつかりそうになりました。そのお婆さんは、スイセンとチューリップの花を綺麗な紙で包んだ花束を持っていました。電車を降りてから二人は、お爺さんのお家までバスに乗りました。バスの停留所はおじいさんの家のすぐ近くです。その夜は、お爺さんとお婆さんが山から採ってきた山菜の天ぷらをたくさん食べました。

（問題１の絵を渡す）
①太郎君が出かけるのにリュックに入れたものは何でしょうか。１番上の段から探して、その絵に○をつけてください。
②電車の中でぶつかりそうになったおばあさんが持っていた花は、どの花でしたか。真ん中の段から探して、その絵に○を付けてください。
③このお話の季節と同じ季節の物を１番下の段から探して、その絵に○を付けてください。

〈時 間〉　各40秒

〈解 答〉　①えほん、歯ブラシ、けん玉、パジャマ、②スイセン、チューリップ、③こいのぼり

弊社の問題集は、同封の注文書の他に、
ホームページからでもお買い求めいただくことができます。
右のQRコードからご覧ください。
（東京農業大学稲花小学校おすすめ問題集のページです。）

学習のポイント

お話の内容としては、短く記憶しやすいと思います。しかし、持って行ったものばかりが出てきているのではなく、持って行かなかったものもお話の中には出てきます。この点をしっかりと聞き分けて正しく記憶できたでしょうか。この問題に限らず、問題を解く際、相手の話を最後まで正しく聞き、対応することは重要です。もし、思い込んだことで出題を間違えて理解し、対応したらどうなるでしょう。そうならないためにも、きちんとした聞き分けは大切です。この問題では、お話の季節を問う設問がありますが、きちんと答えることができたでしょうか。スイセンの季節が分からなくても、チューリップや竹の子の季節はわかりやすいヒントとなっています。お子さまと一緒に外出した際、その季節の特徴となるものを見分けることを取り入れるなどしてお子さまの知識を増やしていきましょう。

【おすすめ問題集】

1話5分の読み聞かせお話集①②、　お話の記憶 初級編・中級編、
Ｊｒ・ウォッチャー19「お話の記憶」

問題2　分野：図形（回転図形）

〈準 備〉　クーピーペン（青）、鉛筆

〈問 題〉　左側の形を矢印の方へ2回まわしたらどのようになるでしょうか。右側から探して〇をつけてください。

〈時 間〉　1分

〈解 答〉　下①右から2番目、②左端、③左から２番目、④右端

学習のポイント

絵を2回回転させるということは、絵が逆さまになることを発見できたでしょうか。これが分かると、この問題は解きやすくなります。しかし、これを口頭で伝えるのは簡単ですが、お子さまはなかなか理解できないと思います。理解できていない状況下で説明を繰り返しても、より混乱させてしまうだけで逆効果となることがありますので注意してください。そのような混乱を避けるためには、まず、実際に絵を操作させてみるとよいでしょう。その操作の中で、この問題のような形の場合、２回回転させることは、絵が逆さまになることが発見できればよいのです。実際に操作をさせる場合、保護者の方が教えるのではなく、お子さま自身に法則を発見させることがポイントです。自分で施行錯誤し、発見することで自信にもつながっていきます。分かったら、色々な形、回転数で試してみましょう。

【おすすめ問題集】

Ｊｒ・ウォッチャー46「回転図形」、５「回転・展開」

問題3　分野：図形（点図形）

〈準 備〉　鉛筆

〈問 題〉　左側に書いてあるものを、同じように右側に書き写してください。

〈時 間〉　１分

〈解 答〉　省略

学習のポイント

このような模写の問題で大切なことは、最初に書き始める位置を正しく把握することです。この時に位置を間違えていると、その後に描く線は全てずれてしまいます。その上で、次に引く線が何処を通っているのかを正しく把握し、目標となる次の点までしっかりと線を引かなければなりません。この作業をきちんとするためには、筆記用具の持ち方、正しい姿勢も影響してきます。筆記用具を正しくもつことは、これから先の学習にも関係してきます。姿勢に関しては、集中力、視力、姿勢にも影響します。この時期に、正しい筆記用具の持ち方、姿勢なども修得するように心がけましょう。また、筆記用具につきましては、色々なものになれておくことをおすすめします。筆記用具によって、筆圧が求められるものもあれば、サインペンなどは紙に置いたまま考えますと、インクが滲んでしまうことがあります。

【おすすめ問題集】

Ｊｒ・ウォッチャー1「点・線図形」、２「座標」、51「運筆①」、52「運筆②」

家庭学習のコツ①　**「先輩ママのアドバイス」を読みましょう！**

本書冒頭の「先輩ママのアドバイス」には、実際に試験を経験された方の貴重なお話が掲載されています。対策学習への取り組み方だけでなく、試験場の雰囲気や会場での過ごし方、お子さまの健康管理、家庭学習の方法など、さまざまなことがらについてのアドバイスもあります。先輩ママの体験談、アドバイスに学び、ステップアップを図りましょう！

問題4　分野：複合（数量・左右弁別）

〈準 備〉　なし

〈問 題〉　（問題４の絵を渡す）

①左側の絵を見てください。それぞれの動物は今いるところから、今から言う数だけ動きます。最後にいる場所に○を書いてください。

・キツネさんは前に5つ進みます。
・タヌキさんは後ろに2つ下がります。
・ゾウさんは前に３つ進みます。
・パンダさんは後ろに３つ下がります。

では、その場所に○を書いてください。

②右側の絵を見てください上にいるお友達が次のように進みます。最後にいる場所に○を書きましょう。

・前に3つ進みます。
・右に2つ進みます。
・左へ1つ進みます。
・右に1つ進みます。
・左に1つ進みます。
・左へ3つ進みます。
・左へ1つ進みます。
・右へ1つ進みます。
・右へ4つ進みます。
・右へ3つ進みます。
・左へ2つ進んだところに○を書いてください。

〈時 間〉　30秒

〈解 答〉　下図参照

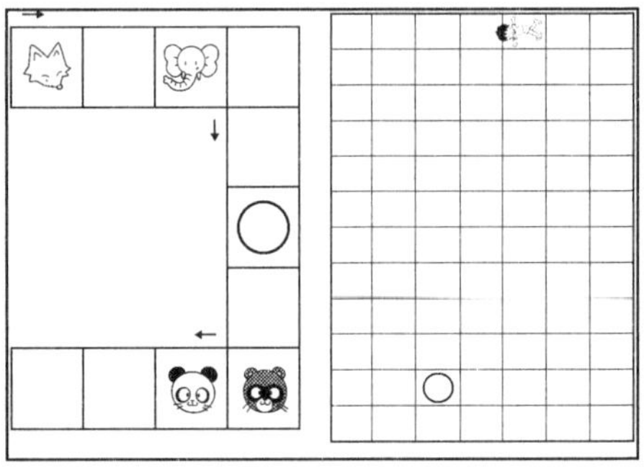

学習のポイント

キツネは前に5つ進むということは、キツネのいる場所を1つ目とは数えません。1歩足を踏み入れたところを1つ目と数えます。後退するときも同じです。1歩さがったところを1つ目と数えます。このような数える問題の場合と、今いる場所は何番目かを数える場合とでは、最初にカウントする場所が違います。お子さまは混乱するかも知れませんが、勘違いをしないように指導してください。右側の移動の問題は、あくまでも進む側を向いての左右になります。この場合、向いている方向によって左右が変わりますので注意しましょう。この左右が変わることを言葉で説明しても混乱するお子さまが多いと思います。おすすめの方法は、お子さまが実際に動くことです。自分が動くことで、向きによって左右が変わることが分かると思います。自分が動いた後、次に人形など、擬人的なものを動かします。このようにして左右反転を修得していくとよいでしょう。。

【おすすめ問題集】
Ｊｒ・ウォッチャー２「座標」、47「座標の移動」

問題5　分野：図形（重ね図形）

〈準備〉　クーピーペン（青）

〈問題〉　上の3つの形を●と▲が重なるように重ねました。重ねるとどのようになるでしょうか。下から正しいものを探して○を付けてください。

〈時間〉　1分

〈解答〉　①左下、②右下

学習のポイント

2つの形を重ねるには下の図を1つずつ消していく方法もあります。また空白に外枠を書いて1つずつ上の線を書き込んでいく方法や、解答図に書き込む方法もあります。注意することとして、同じ線を複数記入しないことです。それには目視力と記憶力を付けることです。解答していて1か所でも違っているときは、次に進んでください。右側の重ね図形は重なった形の線が描いてあるのとないのでは難易度は変わってきます。線を書き入れての練習もしてみましょう。

【おすすめ問題集】
Ｊｒ・ウォッチャー29「行動観察」、56「マナーとルール」

問題6　分野：複合（重さの比較、水量の比較、ブラックボックス）

〈準 備〉　クーピーペン（青）

〈問 題〉　①上の段を見てください。同じ重さになるのはどれでしょうか。○を付けてください。
②真ん中の段を見てください。それぞれのコップに氷を入れて、水の入っている高さを同じにしました。この中で水の量が2番目に少ないのはどれでしょうか。○を付けてください。
③1番下を見てください。左側にお約束が描いてあります。このお約束に従っていくと？のところはどのようになるでしょうか。その数だけ□に○を書いてください。

〈時 間〉　1分

〈解 答〉　①真ん中、②左から２番目、③３個

学習のポイント

①はシーソーの問題に置き換えの要素が加わり、難易度としては高い分類に入ります。まず、左側に書いてある置き換えが理解出来ているでしょうか。△１つと●４つが同じ重さということは、○１つと●８個が同じ重さになります。同じように、△１つと●４つが同じ重さなら、▲１つと●８つが同じ重さになります。そこから○と▲は同じ重さであることが導けます。この考えをベースに置き換えていくと、解答が分かります。
②の問題は、水の高さが同じという条件から、水の量は、中に入っている氷の数で決まることが分かります。２番目に水の量が少ないということは、入っている氷は２番目に多いことになり、ここに気がつけば問題なく解くことができます。実物を使用し確認してみてください。
③の問題は左に描いてある♥は－２，♠は＋１、♦は＋3になる約束を把握できれば、特に難しいことはなく、その約束に従って増減させていけば解答できます。焦らず取り組んでください。

【おすすめ問題集】
Ｊｒ・ウォッチャー27「理科」、32「ブラックボックス」、33「シーソー」

問題7　分野：絵画

〈準 備〉　クーピーペン（青）、鉛筆

〈問 題〉　真ん中の○の中に自分の顔を書いてください。周りには楽しかったこと、お友達とのこと、幼稚園などでの遊びなどを描いてください。周りに風景なども描きましょう。

描いている最中に、「何を描いているか」「これは何か」など質問をされる。

〈時 間〉　適宜

〈解 答〉　省略

学習のポイント

絵画を描かせると上手、下手を意識してしまうかも知れません。絵画の問題において他にも大切な要素があります。それは「線が生きていること」です。お子さまが生き生きと描いていることも重要であることを理解しておいてください。そのためには、楽しく取り組むことが大切です。苦手なお子さまには、描く前にお話をして楽しかったことなどを思い出させてから取り組むのもおすすめです。お話の時、お子さまは、どのようなことを想像するのか、同時に。想像力や描いているときの態度、終わったときの片付けなども大切です。力強い線を描く練習をしてから取り組むのもおすすめです。手首だけで描くのではなく、腕を動かして描く、長い線を勢いよく描くことも効果があります。絵画は小さな絵を幾つも描くと、上手に見えますが、絵は大きく描くことを心がけてください。大きく描いているお子さまに小さく描く指導は比較的取り組みやすいのですが、その逆はかなり大変です。ですから、大きく、勢いよく描くことを心がけるようにしてください。

【おすすめ問題集】

Ｊｒ・ウォッチャー22「想像画」・24「絵画」

問題8　分野：行動観察（お店屋さんごっこ）

〈準備〉　チケット1人2枚、折り紙（赤、白、灰色）各10枚、クーピーペン（青）、鉛筆

〈問題〉　この問題の絵はありません。

これからお店屋さんごっこをします。ペットショップ、果物屋、パン屋のどれをするかみんなで相談をして決めてください。決まったら、折り紙を使って、お店で売っているものを作ったり、描いたりしください。お店の人と買い物をする人に分かれて行います。「交代してください」と言われたら、お店の人と買う人を交代しましょう。

〈時間〉　７分

〈解答〉　省略

学習のポイント

ペーパーテストの部屋で、机を並べ替えて行われました。机を並べ替えているときの行動、話し合いへの積極的参加、発言、態度、約束の遵守、協調性、マナーなど、綜合的に観察されていると受け取ってよいと思います。このような総合的に観られる問題のポイントは、日常生活にあります。日々の繰り返しがこうした環境下でも自然と出せるように経験と自信を身につけるように心がけてください。ご家庭で取り組む場合、保護者の方は、つい口を出してしまったり、結果に意識が言ってしまったりすると思いますが、そこは優しく見守ることを意識してください。こうして申し上げるのも、実際の入試では、初めての場所、初めて会ったお友達と行うことになります。それは、保護者の方が考えている以上に緊張し、ハードルの高い行為になります。ですから日常生活において経験を積み、自分は大丈夫という自信をつけさせてあげることがお子さまの当日の支えになります。この問題だけでなく、色々なことを取り入れて練習してください。

【おすすめ問題集】

Ｊｒ・ウォッチャー29「行動観察」、56「マナーとルール」

問題9　分野：お話の記憶

〈準備〉　クーピーペン

〈問題〉　お話を聞いて後の質問に答えてください。

今日ゆりちゃんは、お父さんと夕飯を作る約束をしました。作るものを相談した結果、カレーに決まり、買い物から全て2人ですることになりました。日中、ゆりちゃんは庭やお家の掃除、洗濯の手伝いをしたので少し疲れてしまいました。すると、お母さんが「今日、みんなはとても働いたので、ケーキでも買ってきてお茶にしましょう。ゆりちゃん、お買い物は少し早めに行ってケーキも買ってきてちょうだい。」と言いました。それを聞いたゆりちゃんは元気になり、早速お父さんと買い物に出かけました。スーパーへ行く途中の道にはアジサイの花がたくさんあり、少し花が咲き始めていて、もうそろそろきれいに咲きそうです。スーパーではカレーの材料にジャガイモ、ニンジン、玉ねぎを買いました。次にケーキ屋さんに行きケーキを買って帰りました。みんなでお茶を飲みおいしいケーキを食べました。これからお父さんとカレーつくりに挑戦です。作っている途中で、お父さんが「あっ、大事なものを買い忘れた。これがないとカレーができないなぁ。」と言いました。ゆりちゃんは、「そうだわ、すっかり買い忘れてしまった」と言って、また近くのスーパーへ出かけました。

①このお話の季節はいつですか。1番上の段から同じ季節の物を探して○を付けてください。
②お父さんと買い物で買ってきたものを真ん中の絵から探して全部に○を付けてください。
③買い忘れたものは何でしょうか。1番下の絵から探して○をつけてください。

〈時間〉　30秒

〈解答〉　①－スイカ割り、②－ニンジン、ジャガイモ、たまねぎ、ケーキ、
③－お肉、カレーのルー

学習のポイント

この問題のように、日常生活での体験の多少、有無が記憶に影響することは多々あります。出題されるお話の記憶は、初めて聞くお話を、一度聞いただけで覚えて解答しなければなりません。ですから、記憶のしやすさは大きくプラスに作用します。特に記憶系の学習は、一朝一夕には身に付きません。お話の内容が、お子さまの体験したことがある場合、自分の体験になぞらえて記憶することができ、記憶しやすくなります。記憶の問題は、読み聞かせの量、生活体験がポイントとなりますので、普段から取り入れてください。お話の記憶に限らず、小学校受験の場合、机上の勉強で学ぶことよりも、日常生活を通して身に付くことの方がはるかに多くありますので日々の生活を大事にしてください。この問題では、お家でカレーつくりを体験したことがあれば、そのときの様子を思い出せば、設問③などはすんなりと解答できるのではないでしょうか。一般に、カレーをつくるときに入れるものとして、肉、ニンジン、ジャガイモ、たまねぎ、カレーのルーなどが考えられます。

【おすすめ問題集】
1話5分の読み聞かせお話集①②、　お話の記憶 初級編・中級編、
Ｊｒ・ウォッチャー12「日常生活」、19「お話の記憶」

問題10　分野：面接

〈準備〉　なし

〈問題〉　**この問題の絵はありません。**

志願者へ

・お名前を教えてください。兄弟がいたら教えてください。
・３分間を好きに使ってください。（事前に好きな本を１冊用意するよう指示があり、その本を読み聞かせる。）・好きな絵本を見せてください。・どこがおもしろいですか。なぜこの本が好きなのですか。
・園ではどんなことをして遊ぶのが好きですか。・男の子とも遊べますか。
・将来の夢を教えてください。小学校に上がったらどんなことをしたいですか。
・家での遊びを教えてください。家族とはどんな遊びをしますか。・雨の日はどんなことをしていますか。
・今まで１番楽しかったことを教えてください。
・虫を捕まえたらどうしますか。好きな動物は何ですか。
・お父さんやお母さんの話を聞いてどんな気持ちですか。

保護者へ

・習い事をするきっかけは何ですか。（母親）
・自立心が芽生えたと感じるエピソードを話してください。
・志望理由を教えてください。
・育児をして楽しかったことを教えてください。
・ＳＮＳと保護者同士のかかわり方や、使用方法についてお尋ねします。
（保護者同志のＳＮＳは禁止していない）
・オンラインでのやり取りが続きますが、大丈夫ですか。

〈時間〉　適宜

〈作文〉　事前のアンケート（願書提出時）

・兄弟姉妹の構成
・これまでの子育てについて「保護者としてうれしかったこと」を1つ挙げ80字以内で記入してください。
・本校の教育指標「10の能力」の1つに掲げる「自立力」について、子育てについて取り組んでいることがあれば120字以内で記入してください。
・子育てにおいてインターネットやＳＮＳから情報を得る場合留意していることがあれば120字以内で記入してください。
・保護者の職業観について、職業人としてどのような使命を持っているか、120字以内で記入してください。
・本校を知ったきっかけや志望理由など志願の動機について120字以内で記入してください。
・志願者が社会人になる頃、社会はどのような能力や人柄を求めるようになっていると思いますか。それを踏まえ志願者をどのように育てたいと考えていますか。1050字以内で記入してください。

学習のポイント

近年、面接テストを苦手とする保護者の方が増えています。面接テストというと、正解を述べなければならないと考えられる方が多いようですが、先ずは、「正解」と「意見」は違うことをしっかりと認識しましょう。面接では、自分の考え、してきたことなどを、自信持って、力強く堂々と述べましょう。面接官は、正解を求めているのではなく、受験された方の「意見」を求めています。ですから、事前に暗記してきた回答は、面接官の心には響いていません。面接での回答は、美辞麗句を並べたり、学校のことを知っていると、知識をひけらかす場ではありません。面接官の質問に対して、自分の考え、してきたことなどを披露する場です。お子さまの面接ですが、保護者の方が普段の練習の時から、正解を求めるような対応をしていると、実際の面接テストの際、保護者方の顔色ばかりを気にしてしまう恐れがあります。この行動は、よい印象を与えることはできません。練習では、お子さまが自分の意見を堂々と、輝いた目で意見を言えるように心がけてください。日常会話がポイントになります。

【おすすめ問題集】

面接テスト問題集、新口頭試問・個別テスト問題集

2022年度以前の入試問題

問題11　分野：お話の記憶

〈準 備〉　鉛筆

〈問 題〉　お話を聞いて後の質問に答えてください。

動物村という、たくさんの動物たちが住んでいる村があります。その村には動物村幼稚園という名前の幼稚園があります。今日はその幼稚園の運動会の日です。運動会を観ようとたくさんの動物たちがやってきました。幼稚園の動物たちは、はりきっています。初めにご挨拶があり、準備体操をやってから競技が始まります。さぁ、最初は大玉入れです。赤組のライオン、ワニ、サルが出場します。青組はトラ、リクガメ、イヌが出場してきました。大玉入れが始まって間もなくのことでした。ライオンが線より内側に入ってしまったのです。それを見たワニが「ライオン君、線より中に入っちゃだめなんだよ」と注意をしました。それを言われたライオンは、むくれてトラと、イヌにぶつかっていきました。怒ったトラとイヌはライオンと喧嘩を始めたのです。それを見ていたサルが、「喧嘩はしない方がいいよ。僕はワニ君の言うとおりだと思うよ」と言いました。サルのおかげで喧嘩がおさまり、運動会の続きが始まりました。かけっこやダンスなど、午前中のたくさんの競技が、あっという間に終わりました。お昼になりました。楽しみにしているお弁当の時間です。ライオンはホウレンソウ、ワニはサンドイッチ、サルはバナナ、トラはスパゲッティ、リクガメはリンゴ、イヌはハンバーグをそれぞれおいしそうに食べています。午後の部が始まりました。もう一度、午前中にできなかった大玉入れからの始まりです。午後の競技が終わり、最後はリレーです。リレーの選手が頑張って走っています。そしてアンカーにバトンが渡りました。アンカーが走り出しました。１番目にバトンをもらったのがイヌです。２番目は少し遅れてトラです。トラに追いつこうと頑張ったのはサルです。最後はライオンでした。ところがライオンは頑張ってサルとトラを追い越したのです。見ている動物たちの拍手のうちにリレーは終わり、運動会が終了しました。いったん全員がお部屋に入りました。教室に入ったライオンが「玉入れの時は、ルールを守らなくてごめんなさい」と謝りました。ヤギの園長先生は、謝ったライオンを「ライオン君、ちゃんと謝れたね。偉かったよ」と誉めました。みんなも拍手をしました。

（問題11の絵を渡す）
①１番上の段で、赤組の動物に赤色で○を付けてください
②２段目を見てください。けんかを止めた動物に青色で○を付けてください。
③ライオン、リクガメ、ワニが持ってきたお弁当を青色の線で結んでください。
④リレーで１位になった動物に赤色で○を、４位になった動物には青色で○を付けてください。

〈時 間〉　各10秒

〈解 答〉　①ワニ、サル、ライオン　②サル
③ライオン－ホウレンソウ、リクガメ－リンゴ、ワニ－サンドイッチ
④赤○イヌ　青○サル

［2022年度出題］

学習のポイント

当校の記憶の文章は例年長文ですが、問題としてはそれほど難しくはないでしょう。しいて言えば、動物たちが持参したお弁当が考えているようなものとは少々違う点で、聞いたときに「えっ」と思うお子様もいらっしゃるでしょう。まずは「聞く」ことに耳を傾けましょう。１つのことにこだわっていると、設問④の解答に窮します。話の読み聞かせなどをやることで、聞いていてどのような聞き方をしているのか、知ることも大事なことです。話を聞くことはすべての基本です。話の梗概そして含意がわかるようになればしっかり聞いていることが分かってきます。基礎固めでは、興味のある短い内容から始めていくとよいでしょう。お子様に問題を出させてみるのも集中して聞いているかわかります。

【おすすめ問題集】

１話５分の読み聞かせお話集①・②、お話の記憶　初級編・中級編・上級編、
Ｊｒ・ウォッチャー19「お話の記憶」

問題12　分野：図形（回転図形）

〈準　備〉　鉛筆

〈問　題〉　左側の形を矢印の方へ２回転（２回回したら）させたとき、形はどのようになるでしょうか。右側から正しいものを探して○をつけてください。

〈時　間〉　１分

〈解　答〉　①左から２番目、②右から２番目、③左端、④左から２番目、

［2022年度出題］

学習のポイント

問題に回転する方向が示されています。1番上を見てみましょう。右に２回回したらとびだしている線はどこへ移動しますか。１回目で左、２回目で上に行きます。星は１回目で右横、２回目で右下に来ます。このように１つずつ動かしてみるとよく分かってきます。実際に書き写したものを動かして観察してください。問題２では回転または回すという言葉を使っていますが、倒すという言葉を使うことがあります。「前に倒す」なども同じことです。初めは左側の形を実際に書き写し、回転させ、見て確かめることで、理解が深まっていくでしょう。時間はかかりますが、書くことで理解が深まっていきます。

【おすすめ問題集】

Ｊｒ・ウォッチャー46「回転図形」、５「回転・展開」

家庭学習のコツ②　「家庭学習ガイド」はママの味方！

問題演習を始める前に、試験の概要をまとめた「家庭学習ガイド（本書カラーページに掲載）」を読みましょう。「家庭学習ガイド」には、応募者数や試験課目の詳細のほか、学習を進める上で重要な情報が掲載されています。それらの情報で入試の傾向をつかみ、学習の方針を立ててから、対策学習を始めてください。

問題13　分野：図形（点図形・模写）

〈準 備〉　鉛筆

〈問 題〉　①上の形と同じになるように、点と線を下に書き写してください。
②上と同じになるように、線を下に書き写してください。

〈解 答〉　省略

〈解 答〉　右下

［2022年度出題］

学習のポイント

このような模写は書き出しを一定方向から書くことと、点から先に書くか、線から先に書くかを決めて着手することです。点も線もと、２つ一緒はやめた方がよいでしょう。下は立体図になっています。あまり例を見ない問題ではありますが、書く範囲が広くなっているだけのことです。立体という言葉や絵に脅かされないことです。この問題の場合は、まず上の面、下の面、横の面と順番を決めて書くことです。書きだしは決めて書くことを忘れないようにしましょう。落ち着いて１つ１つ書いていけば問題ありません。書く数が多い分だけ時間がかかります。時間短縮と正確に書くには練習が必要です。

【おすすめ問題集】
Ｊｒ・ウォッチャー1「点・線図形」、２「座標」、51「運筆①」、52「運筆②」

問題14　分野：図形（同図形）

〈準 備〉　鉛筆

〈問 題〉　左側の形と同じ形を右側から探して○を付けてください。

〈時 間〉　１分

〈解 答〉　①左から２番目、②右から２番目、③左端、④右端

［2022年度出題］

学習のポイント

左側にある形の模様が同じ形で同じ方を向いていなければ、どちらかに回転していると考えましょう。よく見ると１番上の問題が回転していません。下３つはどちらかに回転しています。１つずつ見ていったときに該当しないものは、思考から除外して先に進むことです。回転した同図形探しは当校では類を見ない問題です。難易度の高い問題です。図形の問題の練習は、簡単な基礎から、具体物を使った練習をしていくことをお勧めします。

【おすすめ問題集】
Ｊｒ・ウォッチャー４「同図形探し」

問題15　言語（音数）

〈準備〉　鉛筆

〈問題〉　左に描いてある絵の名前は、いくつの音数でできているでしょうか。右の□にその数だけ赤で○を書いてください。たとえば「うちわ」は「う」「ち」「わ」で３音です。その時は○を　○○○　と３つ書きます。

〈時間〉　１分

〈解答〉　テントウムシ６音、スイカ３音、でんしゃ４音または３音、しんごうき５音
カタツムリ５音、ひしもち４音、せんべい４音、けいたいでんわ７音

［2022年度出題］

学習のポイント

音数で問題になるのは拗音、長音、促音などでこれを１音と数えるか、２音と数えるかです。このように紛らわしいのは音数問題としては見られませんが、まれにパズルなどで見ることがありますが、このようなときは１音または2音の両方で考えます。絵と言葉が一致しましたか。図鑑などを使ってしっかり身に着けてください。

【おすすめ問題集】
Ｊｒ・ウォッチャー18「いろいろな言葉」・17「言葉の音遊び」・60「言葉の音」

問題16　分野：言語（数え方）

〈準備〉　クーピーペン（赤、青）、鉛筆

〈問題〉　①絵を見てください。いろいろなものが描いてあります。この中で数えるときに１ポン、２ホン、３ボン（本）と数えるものに赤色で△を付けてください。
②１ダイ、２ダイ（台）と数えるものに青色で△を付けてください。
③１ピキ、２ヒキ、３ビキ（匹）と数えるものに、鉛筆で□を付けてください。
④１トウ、２トウ（頭）と数えるものに青色で○を付けてください。

〈時間〉　１分

〈解答〉　赤△　鉛筆、花、木　青△　自動車、電話、自転車
鉛筆□　トンボ、ネズミ、ハチ　青○　クマ、ライオン、ウマ

［2022年度出題］

学習のポイント

どんなものでも数えるときに数を表す言葉の後ろに付けて、どのようなものの数なのかを表す言葉があります。同じものでもその数によって言い方が異なるのもあります。身近では１ピキ、２ヒキ、３ビキ、１ポン、２ホン、３ボンなどがあります。保護者の方の話やテレビ、周囲から得る話をお子様はしっかり聞き、身に着けていくものの１つでしょう。豊富なコミュニケーションを大切にしていきましょう。

【おすすめ問題集】
Ｊｒ・ウォッチャー14「数える」

問題17　分野：言語（しりとり）

〈準備〉　クーピーペン（赤、青）

〈問題〉　上の絵を見てください。絵の次に来ることばでしりとりをして、最後は下の絵から選んでしりとりを終わります。最後は下のどの絵が来ればしりとりがつながり終わるでしょうか。つながる絵に上と同じ形を下の絵に書いてください。

〈時間〉　２分

〈解答〉　△：ネズミ
○：ラケット
□：リス

［2022年度出題］

学習のポイント

日頃、外遊びや、豊富な会話を持つ時間が少なくなってきている今日、言葉の吸収に大事な時期を逃してはいませんか。お子様が話しかけてきたときはチャンスを逃がさず、話を継続させましょう。話し方は、早くちではなく、はっきりとゆっくり、わかるように話すことを心がけてください。ところどころに「おや」と思うような言葉も入れてみてください。気が付くでしょうか。読み聞かせや言葉遊びなども時間や場所を選ぶことなくできます。語彙数の多さで言語の回答に差が出ます。

【おすすめ問題集】
Ｊｒ・ウォッチャー49「しりとり」

問題18　分野：数量（数える）

〈準備〉　鉛筆

〈問題〉　上の□に描いてある動物は、下にも描いてあります。いくつ描いてあるか数えて、上の□に、その数だけ○を書いてください。

〈時間〉　１分

〈解答〉　ネズミ７，スズメ６、パンダ５、つる４

［2022年度出題］

学習のポイント

数量の基本は数えることから始まります。数えることをおろそかにしないようにしましょう。ここでの数えることでは、ネズミの数が多い割には、数えにくくなっています。そのようなときは、数えミスを犯さないように、数えたものをに印をつけていく方法もあります。数えるときの決まりとして同じ方から数えることです。

【おすすめ問題集】
　Ｊｒ・ウォッチャー14「数える」・37「選んで数える」

問題19　分野：数量（ブラックボックス）

〈準　備〉　鉛筆

〈問　題〉　上にお約束が描いてあります。ボールが△を通ると、数が増えて出てきます。○と□を通ると、数が減って出てきます。下のそれぞれのボールは、いくつになって出てくるでしょうか。その数を□に○で書いてください。

〈時　間〉　３分

〈解　答〉　①９、②　５、③　４

［2022年度出題］

学習のポイント

この問題は数の増減ですが、基本は数えるができなければ困難でしょう。１番上の条件を把握できましたか。△は+3、○は－3、□は－2という条件で計算していきます。おはじきなどの具体物を使ってまず条件を理解させてから、増減の計算に入ります。このような問題にトンネルを通過すると形が変わっていくなどの問題もあります。多くの問題に触れることをお勧めします。

【おすすめ問題集】
　Ｊｒ・ウォッチャー32「ブラックボックス」

問題20　分野：運動（行動観察）

〈問　題〉　**この問題の絵はありません。**

①机の右側で片足立ちをしましょう。初めは左足で立って右足を上げます。次は反対の足です。（左右８秒程度行う）
②指先体操です。指先で立ち、背伸びをしましょう。
③ひざを曲げて屈伸運動をしましょう。
④先生のリズムに合わせて手をたたきながら、グージャンプ、ケンケン、グー、パー、などを取り入れて、先生の真似をしながらやっていきましょう。

〈時　間〉　10分程度

〈解　答〉　省略

［2022年度出題］

学習のポイント

ごく基本的な模倣運動です。このような点数のつけにくい問題は、行動観察がメインと考えてもよいでしょう。このような問題だからこそ、行動に問題の出ることが多いでしょう。取り組む姿勢がどうなのか行動が見られます。最後までしっかり取り組みましょう。

【おすすめ問題集】

Ｊｒ・ウォッチャー28「運動」・29「行動観察」、「運動テスト問題集」

問題21　分野：行動観察（制作：創作塗り絵）

〈準備〉　クーピーペン（赤、青）、鉛筆

〈問題〉　これは風船です。自由に絵を描いてください。色を塗っても構いません。

〈時間〉　適宜

〈解答〉　省略

［2022年度出題］

学習のポイント

出題の時「風船」と言われているので、風船３個を応用した創作絵画になるか、単に持参した赤、青、鉛筆を駆使して塗り絵で終わるかでしょう。絵の上手下手にこだわるよりも、単純な３つの○をどのような発想の転換で、○がどのように変わっていったかなどに興味を持たれるのではないでしょうか。家で制作をしたり、絵を描いているときは自由にやらせた後で、どのような考えで、何を仕上げたのかを聞いてみるとよいでしょう。たまには保護者の方も一緒にやることで励みになったり、意欲を燃やすことでアイデアもわいてくる場合もあります。やっているときの態度、道具の使い方、あとかたづけもしっかり見てください。

【おすすめ問題集】

Ｊｒ・ウォッチャー22「想像画」・24「絵画」

問題22　分野：面接

〈準 備〉　クーピーペン（赤、青）、鉛筆

〈問 題〉　保護者と子どもに本を用意して、３分くらい一緒に過ごす。「今から３分間いつもの通りお家でやっている過ごし方をしてください」「本は自分で選んだのか」「何に注意して選んだのか」などの質問がある。

【保護者へ】
・志望動機の決めてはどのようなことですか。（父親）
・日々の子育てで、どのようなことを心がけておいでですか。（父親）
・子育てでどんな時に難しさを感じられますか。
・保護者が子供のころの子育てと、今の子育てで感じる違いについてお話しください。
・６年間育ててみて、親として100点中何点だと思われますか。
・子どものどんなところをどのように伸ばそうとしておいでですか。（母親）
・コロナ禍での過ごし方について、どのように工夫されましたか。
・本は本人に選ばせますか、大人が選ぶときはどのようなことに留意されますか。
・体験重視の数多い学校の中で、設立数年の当校を選ばれた理由をお聞かせください。
・子どもが登校を拒否した時どのように対処されるつもりですか。

【子どもへ】
・自己紹介をしてください。
・志願者名前、通っている幼稚園・保育園名、年齢を教えてください。
・友達とけんかをしますか。その後、どうやって仲直りをするのか教えてください。
・仲の良い友達について。友達何人くらいで遊びますか。
・外遊びと、お家の中で遊ぶのとどちらが好きですか。
・家ではおうちの人と何をしますか。
・お父さんやお母さんにどんな時に褒められますか。褒められるとどんな気持ちになりますか。
・小学校に入ったらやりたいことはどんなことですか。

〈時 間〉　10～15分

〈作 文〉　保護者作文
①「志願者の兄弟姉妹の構成について」
②志願者の性格や行動について、保護者として改めたいと考えている点がありましたら（80字以内）
③志願者にとって安心できる環境を作るためにどのようなことに気を付けていますか（120字）
④子育てに迷ったとき、どのように解決されていますか（120字）
⑤保護者の職業観について（120字）
⑥志望動機について（120字）
⑦志願者が社会人になる頃、社会はどのような能力や人柄を求めるようになっていると思いますか。それを踏まえ志願者をどのように育てたいと考えていますか。（1,080字）

〈解 答〉　省略

［2022年度出題］

学習のポイント

面接はテスト前の、事前面接で、保護者と志願者に絵本を渡され、３分ほど自由に過ごす時間が与えられています。その後過ごし方や本についての質問がなされるため、どうしてこのような時間を作られたのかを考えて対処しなくてはなりません。わずか３分の間で、日ごろの過ごし方、関わり合いなどが観られます。面接の初めに渡される絵本は、それなりに含意を含んだ内容のものです。読み聞かせの時、把握できるような過ごし方を日頃やっておかれるとよいでしょう。また、近年、コロナ蔓延により面接もＺｏｏｍを使用したリモート面接になってきていたため、対面とは違った方法に慣れていないお子様には、落ち着きをなくすことも想定して、練習をしておくとよいでしょう。

アンケートのテーマは９月上旬にダウンロードができ10月には郵送締め切りとなっていますが、面接でその内容について質問される可能性がありますので、必ずコピーを取っておくことをお勧めします。時間がある分下調べもできますが、参考資料の写し書きではなく、必ず自分の言葉で書くようにしましょう。作文作成のために１つの方法をご紹介しましょう。
作文のテーマに沿った材料を簡潔に１～２行程度にまとめます
課題で求めることは何か
課題に対しての自分の意見
意見についての理由意見にまつわる体験、エピソード、その時に感じたこと
今までどのようなことをしてきたか
今後どのようにしていくか
自分の考えとは異なる反論も考える
この準備ができたら、文章を書いてみます。全体を通して何度も読み直し修正していく。
段落の無い長い文章は避けます。

【おすすめ問題集】
「面接テスト問題集」

家庭学習のコツ③　効果的な学習方法～問題集を通読する

過去問題集を始めるにあたり、いきなり問題に取り組んではいませんか？　それでは本書を有効活用しているとは言えません。まず、保護者の方が、すべてを一通り読み、当校の傾向、ポイント、問題のアドバイスを頭に入れてください。そうすることにより、保護者の方の指導力がアップします。また、日常生活のさまざまなことから、保護者の方自身が「作問」することができるようになっていきます。

問題23　分野：お話の記憶

〈準備〉　鉛筆

〈問題〉　**この問題の絵は縦に使用してください。**

お話をよく聞いて、後の質問に答えてください。

今日は朝から晴れてよい天気です。いつも寝坊ばかりしているマナブくんでしたが、珍しく早起きをしたせいかお腹が空いてしまいました。「ごはんまだ～」とお母さんに聞くと、「もうすぐできるから、座って待っていなさい」と言われたのでおとなしく座って待っていました。少し待っていると、マナブくんの大好きな目玉焼きとウインナーが出てきました。朝ごはんを食べ終わると幼稚園に出かける準備をします。忘れ物がないようにしっかり確認します。マナブくんは、お母さんといっしょに幼稚園まで歩いていく時間がとても好きです。でもそれよりもっと好きなことは幼稚園でお友だちと遊ぶことです。

幼稚園に着くと、仲良しのカズオくんとハナコさんとケイコさんがもう遊んでいました。「早くマナブくんも遊ぼうよ」とハナコさんが呼んだので、マナブくんは走ってみんなのところに向かいました。「何して遊んでるの？」とマナブくんが聞くと、カズオくんは「ボール遊びをしてたんだ」と答えました。マナブくんも加わって４人でボール遊びの続きをすることにしました。仲良く遊んでいた４人ですが、カズオくんが投げたボールがケイコさんに当たって洋服が汚れてしまいました。ボールが地面に落ちた時に泥がついていたようです。「お気に入りの水玉のワンピースなのに……」と言いながらケイコさんは泣き出してしまいました。みんながカズオくんに謝るように言うと、「わざとじゃないもん」と言って謝ろうとしません。さっきまで４人で仲良く遊んでいたのに、何だか変な感じになってしまいました。ハナコさんが「もうボール遊びはやめて砂場で遊ぼう」と言ったので、マナブくんとケイコさんはいっしょに砂場へ向かいました。カズオくんはどうしようか考えています。

３人は砂場で大きなお城を作ることにしました。マナブくんが砂を集めて高く積み上げ、ハナコさんとケイコさんが形を作ることになりました。マナブくんは一生懸命砂を集めているのですが、道具がないのでなかなか砂を高く積み上げることができません。そんな時、カズオくんが「仲間に入れて」と砂場にやってきました。３人は相談して、「砂を集めるバケツを持ってきたら仲間に入れてあげる」と言いました。カズオくんはバケツを探しに行きました。まもなくカズオくんが、バケツを２つ持って戻ってきました。「２つあった方が大きなお城が早く作れると思って……」と言ったので、みんなはニッコリ笑いました。カズオくんはみんなのために一生懸命バケツを探したのでした。また、４人で遊びます。カズオくんは「洋服汚しちゃってごめんね」とケイコさんに謝りました。

道具を手に入れて、人数も４人になったので、お城はあっという間に出来上がりました。「やっぱり４人で遊んだ方が楽しいね」とケイコさんが言うと、みんな大きくうなずきました。「明日は何して遊ぼうか」とマナブくんがみんなに聞くと、ケイコさんは「明日は汚れてもいい洋服を着てくるから、またボール遊びをしよう」と言いました。カズオくんは何だかうれしくなってしまいました。４人はこれからもずっと仲良しです。

（問題23の絵を渡す）
①マナブくんが朝ごはんで食べたものはどれでしょうか。選んで○をつけてください。
②ケイコさんはどんな洋服を着ていたでしょうか。選んで○をつけてください。
③洋服が汚れてしまったケイコさんはどんな気持ちだったでしょうか。選んで○をつけてください。
④カズオくんは、何を持ってきたら仲間に入れてあげると言われたでしょうか。選んで○をつけてください。
⑤みんなが砂場で作ったものはどれでしょうか。選んで○をつけてください。

〈時間〉　各10秒

〈解答〉　①右から２番目（目玉焼き）、右端（ウインナー）　②右から２番目（水玉）
③左から２番目（悲しい気持ち）　④左から２番目（バケツ）
⑤左から２番目（大きなお城）

［2021年度出題］

学習のポイント

問題自体はそれほど難しいものではありませんが、お話が長いので最後まで集中して聞くことができるかどうかがポイントになります。まずは「聞く」ことを最優先に考えていきましょう。ここで言う「聞く」とは、お話を理解するという意味も含まれます。学習をする時には、細かな質問をするというよりは、「どんなお話だった？」と聞いてみましょう。お話の要約をさせるのです。要約するためには、ストーリーを順序立てて思い出したり、お話のシーンをイメージしたりすることが必要になります。そうした力は、お話の記憶の基本でもあり、それができれば大半の問題に対応できるので、「聞く力」を意識して学習に取り組むようにしてください。

【おすすめ問題集】
1話5分の読み聞かせお話集①・②、お話の記憶 初級編・中級編・上級編、
Ｊｒ・ウォッチャー12「日常生活」、19「お話の記憶」

問題24　分野：数量（一対多の対応）

〈準備〉　鉛筆

〈問題〉　下の段にある車のボディには、タイヤがいくつ必要でしょうか。その数の分だけ上の段のタイヤに○をつけてください。

〈時間〉　１分

〈解答〉　タイヤ20本に○をつける

［2021年度出題］

学習のポイント

基本的なことですが、車のタイヤは４本です。問題の絵は真横から見た車のボディなので、お子さまは１台に対しタイヤは２本と考えてしまうかもしれません。細かなことかもしれませんが注意してください。その考え方さえ理解できていれば、後は数えるだけです。本問では、全部でタイヤが何本必要かが問われていますが、「一対多の対応」では、「１台分ずつ○で囲む」や「（タイヤだけを示して）何台分あるか」といった問われ方もします。目先の形にとらわれず、何を問われているのかを見極める力をつけていきましょう。そうした力は、最近の小学校入試で求められることが多くなってきています。

【おすすめ問題集】
　Ｊｒ・ウォッチャー42「一対多の対応」

問題25　分野：図形（鏡図形）

〈準　備〉　鉛筆

〈問　題〉　左端の形を鏡に映すとどう見えるでしょうか。右の四角の中から選んで○をつけてください。

〈時　間〉　１分

〈解　答〉　①右から２番目　②左端　③右端

［2021年度出題］

学習のポイント

「鏡図形」とは、鏡に映した時の形をイメージするもので、一般的には元の形から左右が反転した形になります。こうした問題にはじめて取り組む場合、頭の中で考えても理解するのは難しいでしょう。そんな時は、鏡図形の名前の通り、実際に鏡に映してみるとよいでしょう。小学校受験の多くの問題は、実体験を通じて得られる知識を聞くものです。特に図形問題では、目で見て、自分で動かして、感じることが重要になります。解答時間が短いからといって、ペーパー学習の量を増やしてもスピードアップにはつながりません。まずは、基本的な考え方をしっかりと身に付けることから始めましょう。

【おすすめ問題集】
　Ｊｒ・ウォッチャー48「鏡図形」

問題26　分野：図形（回転図形）

〈準備〉　鉛筆

〈問題〉　左端の形を矢印の方向に１回まわすとどんな形になるでしょうか。右の四角の中から選んで○をつけてください。

〈時間〉　１分

〈解答〉　①右から２番目　②左から２番目　③右から２番目

[2021年度出題]

学習のポイント

本問も問題25と同じように実際に動かしてみることが大切です。「回転図形」ですから、今度は実際に回転させてどう変化するのかを目で見て感じましょう。また、小学校受験の回転図形の表現として「回す」「回転する」「倒す」といった言葉が出てきます。これらは、すべて同じことを意味します。本問のような四角で言えば、90度回転させることです。学校や問題集によって言い回しが異なることがあるので、これらが同じことだということをしっかりと理解させておきましょう。回転させた形を実際に書く形での出題もあるので、回転後の形をしっかりとイメージできるようにしておくことが大切です。

【おすすめ問題集】
Ｊｒ・ウォッチャー46「回転図形」

問題27　分野：図形（点図形・模写）

〈準備〉　鉛筆

〈問題〉　左の絵と同じになるように右の四角に描き写してください。

〈時間〉　１分

〈解答〉　省略

[2021年度出題]

学習のポイント

多くの保護者の方から「とにかく時間が短かった」との声がありました。「座標」を理解していることはもちろん必要ですが、本問に関して言えば、慣れるしかないというのが正直なところです。どういう線をどの場所に引けばよいのかを頭で理解していても、実際に書くことができなければペーパーテストとしての評価は得られません。そうした処理能力の高さを求めているとも言えますが、困難な課題に対してあきらめずに取り組むことができているかという部分も重要な観点なのではないかと考えられます。「最後までていねいに線を引いているのか」「あきらめて雑になっているのか」といったところは確実に観られているでしょう。

【おすすめ問題集】
Ｊｒ・ウォッチャー１「点・線図形」、２「座標」、51「運筆①」、52「運筆②」

問題28　分野：常識、言語（理科、言葉の音）

〈準備〉　クーピーペン（赤、青）

〈問題〉　①タンポポの絵に赤で○をつけてください。カエルの絵に青で△をつけてください。
②タンポポと同じ音の数の絵に赤で○をつけてください。カエルと同じ音の数の絵に青で△をつけてください。

〈時間〉　①15秒　②30秒

〈解答〉　下図参照

［2021年度出題］

学習のポイント

2021年度の入試から筆記用具の色を使い分ける問題が出題されました。筆記用具持参だったのである程度の予測はついたと思いますが、こうしたちょっとした変化でもお子さまにとっては戸惑いの原因になります。こうした変更だけでなく、試験の前には必ず説明や指示があるので、先生の話を聞くことを徹底してください。本問では複数の指示がまとめて出されるために、どう解答するかも考えなければいけません。常識・言語の問題ではありますが、知識だけでなく、指示をしっかりと理解できているかという部分も観られています。当校の問題には、こうしたプラスアルファの観点がよく見受けられます。

【おすすめ問題集】

Ｊｒ・ウォッチャー27「理科」、55「理科②」、60「言葉の音（おん）」

問題29　分野：常識（季節）

〈準 備〉　クーピーペン（赤、青）

〈問 題〉　タケノコと同じ季節のものに青で□をつけてください。ピーマンと同じ季節のものに赤で○をつけてください。

〈時 間〉　1分

〈解 答〉　下図参照

［2021年度出題］

学習のポイント

選択肢が多く、季節とは関係のない絵も混じっているので、悩んでしまったお子さまも多かったのではないでしょうか。そもそも季節に関係あるものなのか、季節がいつなのかがわかりにくいものもあります。例えば、上から3段目左端のイチゴは春のものと思いがちですが、サクランボやイチゴは夏のもので、間違いやすいので注意を要するものです。試験本番で見たこともないものやわからないものが出てきた時に、「これは誰にもわからない」と考えて引きずらないことも重要です。わからないと悩んで、後の問題に影響が出てしまうことが1番よくないので、次に切り替える意識を持てるようにしてください。

【おすすめ問題集】

Ｊｒ・ウォッチャー34「季節」

問題30　分野：行動観察（運動）

〈準備〉　なし

〈問題〉　**この問題の絵はありません。**

①手をグーパーグーパーと閉じたり開いたりしてください。片足ずつ足をブラブラさせてください。
②足ジャンケンをします。負けた人あいこの人は椅子に座って待っていてください（最後の１人になるまで続ける）。
③片足立ちをしてください。８秒間がんばりましょう（終わったら反対の足で）。
④先生が身体の場所を言うので、その場所を触ってください。ただし、「先生が」と言わない時は触ってはいけません（例「先生が鼻を触ります」の時は触る。「鼻を触ります」の時は触らない）。

〈時間〉　適宜

〈解答〉　省略

［2020年度出題］

学習のポイント

今年度の行動観察は、ペーパーテストを行った教室でそのまま実施されました。その場でできるものばかりで、運動というよりは、指示行動と言った方が正確かもしれません。ゲーム的な要素が入っている課題もあったので、お子さまは楽しみながらできたのではないでしょうか。そんな中でも、「指示が理解できているか」「指示通りの行動ができているか」といったポイントはしっかり観られています。シンプルな課題だからこそ、その取り組み方に違いが出ます。「できる」と「きちんとできる」には大きな差があります。どんな課題でも一生懸命やり抜くという姿勢が大切です。

【おすすめ問題集】

新運動テスト問題集、Ｊｒ・ウォッチャー28「運動」

問題31　分野：行動観察

〈準備〉　なし

〈問題〉　**この問題の絵はありません。**

①５人程度のグループでしりとり。
②絵本のタイトルを先生がいくつか言う。知っていれば手を挙げる。
③先生がお話をして、その感想を手を挙げて表す（「おもしろかったと思う人」「いまいちだったと思う人」「つまらなかったと思う人」などと先生が聞く）。

〈時間〉　適宜

〈解答〉　省略

［2020年度出題］

学習のポイント

当校は、長文のお話の記憶が出題されたり、面接で絵本について親子で話をしたりと読み聞かせに関連した課題がいくつかあります。本問もそうした課題が中心でした。②では、絵本のタイトルを多く知っているからといって評価が高くなるということはないと思いますが、ふだんから絵本になじんでいるかどうかは判断されるのではないでしょうか。例年のように集団での行動観察ができない中、子ども同士の関係性ではなく、絵本を通じた親子の関係性を観ているとも考えられます。2023年度入試において、集団での行動観察が行われるかどうかは正直わかりません。だからといって今年度と同じとも限りません。ただ、読み聞かせは小学校受験すべてにおいてのベースになるものです。親子のコミュニケーションツールにもなるので、継続して行うようにしてください。

【おすすめ問題集】

Ｊｒ・ウォッチャー29「行動観察」、49「しりとり」

問題32　分野：面接

〈準 備〉　絵本（事前に読み聞かせをしておく）、ICT機器（Zoom）

〈問 題〉　**この問題の絵はありません。**

（今年度はZoomを使ったリモート面接）

【志願者へ】

・お名前、通っている幼稚園（保育園）の名前、年齢を教えてください。
・幼稚園（保育園）では何をして遊びますか。
・外で遊ぶのと家の中で遊ぶのではどちらが好きですか。
・男の子（女の子）とも遊びますか。
・おうちの人とは何をして遊びますか。
・おうちの人とはどんなところに出かけますか。
・どんな絵本が好きですか。

【親子へ】

・（事前に読み聞かせをした絵本について）この絵本について３人でお話しをしてください

【保護者へ】

・ご自身が子どもの頃の子育てと今の子育てで違いを感じるところはどんなところですか。
・これからの時代の子育てに必要になるのはどんなことだと思いますか。
・数ある学校の中で当校を選んだ理由は何ですか。
・お子さんが小学生になってできるようになってほしいことは何ですか。
・仕事をする上で大切にしていることは何ですか。

※答えに対して掘り下げる質問もあり。

〈時 間〉　10分程度

〈解 答〉　省略

［2020年度出題］

学習のポイント

今年度はオンラインで行われました。学校で行う面接の場合、緊張感もあるので、お子さまも自然と面接モードに入っていきますが、自宅での面接となるとその切り替えが難しくなります。ふだんの家庭での様子がそのまま観られると考えておいた方がよいでしょう。オンラインというと通信状態や機器などのことを気にしてしまいがちですが、お子さまをどう面接に向かわせるかという、気持ちの面の方がより重要になります。情勢次第ではオンラインでの面接となることもありますが、対面での面接とはまた違った難しさがあるので、しっかりと準備をしておきましょう。

【おすすめ問題集】

新小学校受験の入試面接Q＆A、家庭で行う面接テスト問題集、
保護者のための面接最強マニュアル

問題33　分野：お話の記憶

〈準備〉　鉛筆

〈問題〉　お話をよく聞いて、後の質問に答えてください。

今日は土曜日、サツマイモ掘りに行く日です。かずやくんは、朝からおにぎりを作ってくれたお母さんに「行ってきます」と言って、集合場所の公園に向かいました。途中の道端に、コスモスが咲いていました。公園に着くと、先に着いていた、まきさんとあきらくんが「おはよう」と手を振っていました。かずやくんも「おはよう」と、あいさつをしました。しばらくして「ごめんごめん、遅くなっちゃった」と、えりかさんが慌てて公園に駆け込んできました。これで全員が揃いました。かずやくんたちは、あきらくんのお母さんに連れられて、2人ずつ手をつないで歩きました。しばらく歩くと畑に着きました。畑はあきらくんのおじいさんの家にあります。みんなで、おじいさんに声をかけて、あいさつをしました。おじいさんが切ってくれたツルのまわりを、スコップで、ていねいに掘っていきます。「見つけた」まきさんが、はじめにサツマイモを掘り出しました。紫色のサツマイモです。次に「ぼくも」と、あきらくんがサツマイモを掘りだしました。しばらくして、えりかさんも掘り出し、かずやくんだけがなかなかサツマイモを見つけることができませんでした。がんばって土を掘っていると、太いツルを見つけました。思いっきり引っ張ると、急に力が抜けて、ひっくり返ってしまいました。目を開けると、青い空にトンボが横切るのが見えました。「すごいすごい」とみんなが言っているので、あわてて起き上がると、かずやくんの持っていたツルに、大きなサツマイモがありました。掘ったサツマイモの大きさを比べてみると、いちばん大きいのがかずやくんの掘ったサツマイモ、その次がまきさん、3番目がえりかさん、いちばん小さいのはあきらくんの掘ったサツマイモでした。お昼になったので、みんなで輪になって、お昼ごはんを食べました。まきさんはサンドイッチ、あきらくんはたまご焼きとウインナーの入ったお弁当、えりかさんは、かずやくんと同じでした。お昼ごはんを食べ終わって帰る時に、あきらくんのおじいさんは「しばらくおいておくと美味しくなるよ」と、自分たちのとったサツマイモを包んでリュックに入れてくれました。それから「これもここでとれたんだよ」と、ブドウの入った袋をくれました。かずやくんはおばあさんのことを思い出して、これを明日おみやげに持っていってあげようと思いました。

（問題33の絵を渡す）
①サツマイモ堀りに行った人は何人ですか。人数分だけ○を書いてください。
②かずやくんより後に公園に来た人は何人ですか。人数分だけ○を書いてください。
③公園に向かう途中にあった花はどの花ですか。選んで○をつけてください。
④このお話と同じ季節のものはどれですか。選んで○をつけてください。
⑤えりかさんのお昼ごはんは何でしたか。選んで○をつけてください。
⑥かずやくんが畑で見たのは何でしたか。選んで○をつけてください。
⑦まきさんの掘ったサツマイモは何番目に大きかったでしょうか。その数だけ○を書いてください。
⑧かずやくんがおばあさんに持っていってあげようと思ったものは何ですか。選んで○をつけてください。

〈時　間〉　各10秒

〈解　答〉　①○：5　②○：1　③右端（コスモス）
④左から2番目（ナシ）、右から2番目（ブドウ）
⑤左から2番目（おにぎり）　⑥左端（トンボ）　⑦○：2　⑧右端（ブドウ）

［2020年度出題］

学習のポイント

当校のお話の記憶の問題は、昨年に引き続き1,000字程度のやや長めのものでした。また設問数も8問と多くなっています。出題形式は、録音したお話をスピーカーから再生して答えるというものです。お話にかかる時間は約4分間。聞き取りやすいスピードですが、再生されるのは1回だけなので、聞き逃さないようにしなければなりません。昨年は海外の女の子が主人公のお話でしたが、外国人名は受験生に馴染みがない、との理由で、今年は日本人名のお話になりました。気を付けるべきポイントは「誰が」「何をした」ということをしっかりとらえることです。複数の登場人物を整理して考えられるようにしましょう。また、直接は言われていない物事を類推することも必要です。本問⑤では、えりかさんのお昼ごはんについて「かずやくんと同じ」とされており、冒頭のかずやくんの「おにぎりを作ってくれた」と結びつけて答えることが求められています。ものの順番については「次に」「それから」といった指示語をしっかり聞き取って、「2番目は、3番目は……」と考えられるようにしてください。本問では⑦のまきさんの掘ったサツマイモの大きさの順が「次に」と言われているので、かずやくんに次いで2番目だと考えます。チェックしていただきたいのは、問1のサツマイモ掘りに行った人数です。イモ掘りをしたのは4人ですが、子どもたちを連れていったあきらくんのお母さんがいます。ここをしっかり聞き取れているか、チェックしてください。

【おすすめ問題集】
1話5分の読み聞かせお話集①・②、お話の記憶 初級編・中級編・上級編、
Jr・ウォッチャー19「お話の記憶」、34「季節」

問題34　分野：言語（同音探し）

〈準 備〉　鉛筆

〈問 題〉　左の絵の次に言う順番の音と同じ音を持つものの絵を探して○をつけましょう。

①１番上の段の左の絵の４番目の音と同じ音を持つものを選びましょう。
②上から２番目の段の左の絵の４番目の音と同じ音を持つものを選びましょう。
③下から２番目の段の左の絵の３番目の音と同じ音を持つものを選びましょう。
④１番下の段の左の絵の３番目の音と同じ音を持つものを選びましょう。

〈時 間〉　各15秒

〈解 答〉　下図参照

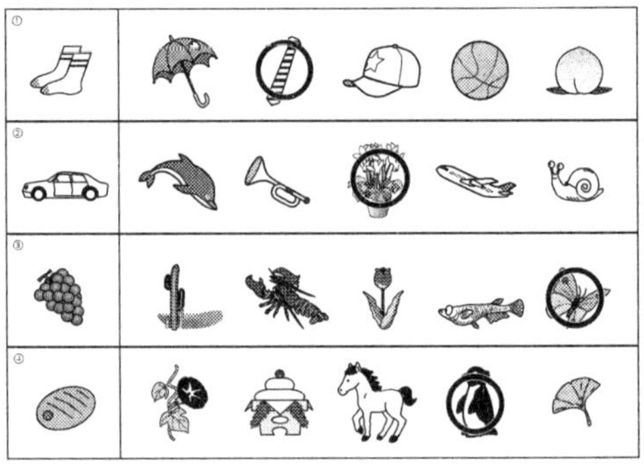

［2020年度出題］

学習のポイント

お手本として示された絵の指示された順番の音と、同じ音を含む絵を選択する問題です（例：「くつした」の４番目の“た”→選択肢から“た”を含む絵を選ぶ）。文字を使って考えられる大人と違い、音だけで言葉を認識する子どもにとっては難しい問題です。このような、言葉の音を問う問題の対策としては、ふだんから、言葉遊びなどを通じて、音の数や順番についての意識づけを行っておく必要があります。また、「サ・ボ・テ・ン」のように音節を切って、手を叩きながら発音すると、お子さまにも言葉の音数が理解しやすいようです。本文の「シクラメン」や「サボテン」「湯たんぽ」に出てくる「ン」（發音）は１音として数えます。当校では、身近にはないものや行事が出題されることもあります。日常的に疑問を持たせたり、「これ、何だか知ってる？」のような問いかけをするよう心がけてください。

【おすすめ問題集】
Ｊｒ・ウォッチャー17「言葉の音遊び」、18「いろいろな言葉」、
60「言葉の音（おん）」

問題35　分野：推理（置き換え）

〈準　備〉　鉛筆

〈問　題〉　絵の１番上にある、くだものと数字を見てください。リンゴは１、バナナは２、ナシは３、イチゴは４、スイカは５、という数字がその横に書いてあります。上のマスにあるくだものの絵を、その数字に置き換えて、下のマスに書き写してください。

〈時　間〉　４分

〈解　答〉　下図参照

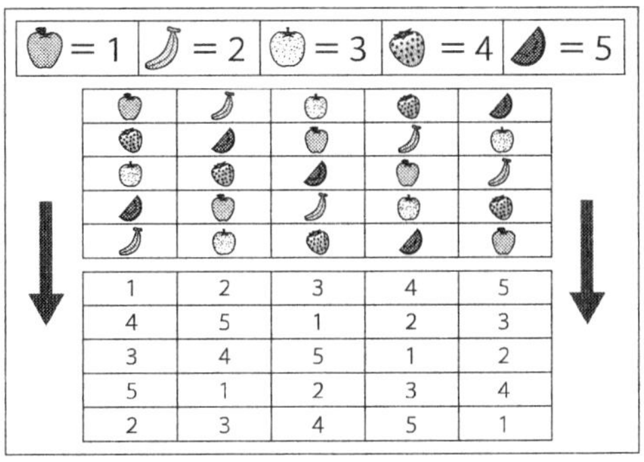

1	2	3	4	5
4	5	1	2	3
3	4	5	1	2
5	1	2	3	4
2	3	4	5	1

［2020年度出題］

学習のポイント

置き換えの問題です。数字が使われていますが、使われ方は○△□といった記号と変わりはないので、特別に意識する必要はありません。「リンゴが１、バナナが２…」と覚えてから表に対応する数字を単純に書いていきましょう。この問題が解けないとすれば、「リンゴを１に置き換える」という考え方自体がわからないということですから、類題を解いてその考え方を学んでおいてください。特別難しいものではありません。なお、数字や文字を使った問題は2020年度入試から出題されましたが、本問のようにその使われ方は限定的です。本格的に理解する必要はないので、年齢相応に理解しておきましょう。弊社発行の問題集（Ｊｒ・ウォッチャー26「文字・数字」）などを解けば、充分に対応できるはずです。

【おすすめ問題集】

Ｊｒ・ウォッチャー26「文字・数字」、６「系列」、31「推理思考」、57「置き換え」

問題36　分野：推理（比較）

〈準備〉　鉛筆

〈問題〉　容器には水が入っています。それぞれの段の中で、水の量が２番目に少ないものを選んで○をつけてください。

〈時間〉　各30秒

〈解答〉　下図参照

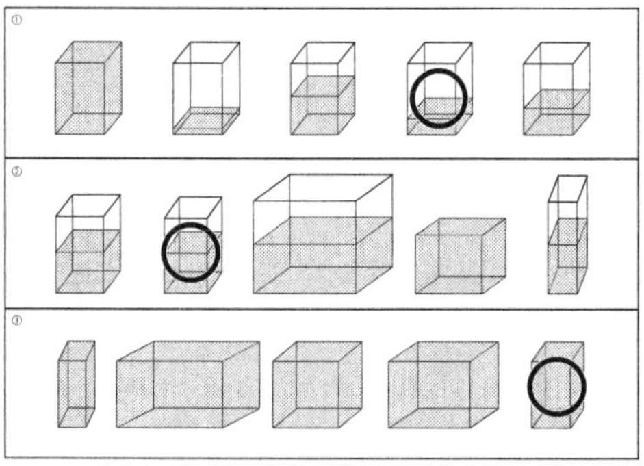

［2020年度出題］

学習のポイント

水の量に関する問題です。ここでは、推理・推測の実体験について問われています。本問では、水の量が１番多い容器や１番少ない容器ではなく、「２番目に少ない容器」を答えるため、すべての容器の水の量を把握できていなければなりません。①では、同じ大きさの容器で水位だけが違うので、水位が２番目に低い右から２番目が正解です。②では、水位はあまり変わりませんが、容器の底面積が異なりますので、底面積が２番目に小さい左から２番目を正解とします。③では、容器いっぱいに水が入っています。これも、底面積の大きさをもとに考えれば、解答を導けます。大人であれば、底面積×水位＝容積が水の量、という理屈を知っていますが、子どもの場合は、そのような知識はありません。まずは実体験として、容器の大きさによって入る水の量が違うことを理解させましょう。その後、同じ容器でも水の量によって水位が変わることや、容器の形は違っても注がれている水の量は同じ、といった体験もさせてください。

【おすすめ問題集】

Ｊｒ・ウォッチャー15「比較」、58「比較②」

問題37　分野：図形（点図形・模写）

〈準 備〉　鉛筆

〈問 題〉　上の形と同じになるように下の四角に描き写してください。

〈時 間〉　各１分

〈解 答〉　省略

［2020年度出題］

学習のポイント

模写の問題です。点の数も多いので、複雑な絵だと感じるかもしれません。斜めの直線も多くあり、これを書くにはコツが必要です。しっかり書くためには、線の始点と終点を把握することが必要です。点図形が苦手な子どもの多くは、形にとらわれてしまい、１つひとつの直線や点を把握することに意識が向かわない傾向があります。最初から同じ図形を書こうとするのではなく、点と点を結び、最終的に見本と同じになる、というプロセスを意識させましょう。対応する点については、学習当初はお手本を見ながら１つひとつ探していっても構いません。ある程度学習が進んだら「次の点は、右に３つ進んで、上に２つ進む」というように、線分の両端の関係を把握できるようにします。模写の問題には、図形の認識能力のあるなしと同時に、鉛筆でうまく線を引けるか、という観点もあります。お子さまにとって、今後長い期間において必須の能力ですから、大切に指導してあげてください。

【おすすめ問題集】

Ｊｒ・ウォッチャー１「点・線図形」、２「座標」、51「運筆①」、52「運筆②」

問題38　分野：常識（理科）

〈準 備〉　鉛筆

〈問 題〉　上の図のように、木になるものを下からすべて選んで○をつけてください。

〈時 間〉　30秒

〈解 答〉　下図参照

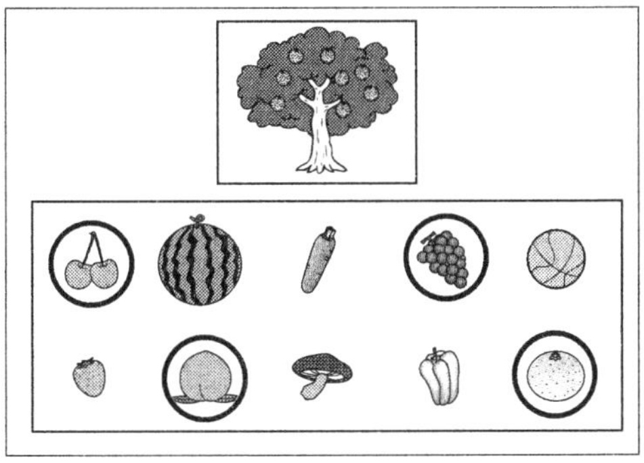

［2020年度出題］

学習のポイント

木になる食べものを答える問題で、知識と生活体験が問われています。食や自然についての学習を重視する当校では、野菜やくだものについて、特に多く出題されるようです。生活常識の問題では、日常生活でお子さまが身近なものに興味や関心を抱いているか、また、保護者の方がその疑問について答えているか、ということも大切になってきます。ふだん目にする野菜やくだものについて、どの時期に、どんな場所でとれるのかなどについて会話することを心がけてください。本問の場合、１つずつの選択肢はそれほど難しいものではありませんが、複数解答であることに注意が必要です。この問題に限ったことではありませんが、左上のサクランボだけを選んでおしまい、というのではなく、選択肢すべてに目を通してから解答する習慣をつけておきましょう。当校では本問だけでなく、複数解答のある問題が多く出題されています。これは、問題に答えるだけでなく、しっかり指示を聞いているかどうかも観られているからです。わかっている問題でも、答え方を間違ってしまえば間違いです。お子さまが早とちりしないよう、保護者の方は、お子さまの答える様子にも注意してください。

【おすすめ問題集】

Ｊｒ・ウォッチャー11「いろいろな仲間」、27「理科」、55「理科②」

問題39　分野：行動観察（運動）

〈準 備〉　なし

〈問 題〉　この問題の絵はありません。
・準備運動：先生のした通りに体を動かしてください。
・バランス：片足立ちをしてください（１分間）。
・クマ歩き：両手両足を動かして、ゆっくりクマ歩きをしてください。

〈時 間〉　適宜

〈解 答〉　下省略

［2020年度出題］

学習のポイント

この問題では、指示通りの行動が行えているかどうかが重視されます。各回20～25名の受験生で行われ、指示者が１名、観察者３名の体制で実施されます。準備運動では、指示者の言った通りの動作ができているかどうかが観られます。年齢相応の身体能力があれば減点されることはありません。逆に余計な動作をしたり、隣の受験生の動きが違うことを指摘したり、もっとできることをアピールしたり、といった行動は、大きな減点になります。そんなことは指示していないからです。クマ歩きでは、両手両足を使って、ゆっくり歩くよう指示されましたが、速く歩いてしまう子どもも多かったそうです。これも指示を守っていないということで、よい評価は得られないということになるでしょう。なお、バランスをとる運動では、身体の使い方、例えば片足で１分間立つことは、体幹のバランスを観るためのものです。運動能力を測るためのものではありません。

【おすすめ問題集】

Ｊｒ・ウォッチャー28「運動」、29「行動観察」、「新 運動テスト問題集」

問題40　分野：行動観察（集団行動）

〈準備〉　新聞紙、ボール、フラフープ

〈問題〉　**この問題の絵はありません。**

・グループ作り
近くのお友だちと２人のグループを作ってください。
６人のグループを作ってください。
10人のグループを作ってください。
５人のグループを作ってください。

・（新聞紙とボールを配る）
新聞紙を広げて、ボールを三角コーンのところまで運ぶ競争をしてください。
スタートの時は合図をしますから、それまでグループで相談してください。

・自由遊び
グループごとに、遊び道具を１つずつ配りますから、自由に遊んでください。

〈時間〉　適宜

〈解答〉　省略

［2020年度出題］

学習のポイント

グループ作りでは、集団行動ができるかということが、観点になっています。本問では、６人から10人へとグループを組みなおす時、それまでのグループから離れなければならないというシチュエーションも生まれます。そこで戸惑ったりすると、集団行動が苦手という印象を与えるかもしれません。新聞紙でボールを運ぶ競争では、お手本をよく見て集中すること、みんなで相談して尊重すること、役割分担を決めて協力すること、決められたルールで互いに配慮すること、競争するために努力すること、の５つを観点としています。５人だと、４人が新聞紙の四隅を持つと１人が余ります。この１人の役割について考えることが重要です。自由遊びでは、グループの友だち５人で遊ぶことができるか、遊ぶ内容を相談して決めることができるか、道具を譲り合ったり交換したりすることができるか、５人で動くことを意識して遊ぶことができるか、という４つの観点が評価対象です。ここでも、利己的な態度をとらないことが重要です。

【おすすめ問題集】
Ｊｒ・ウォッチャー28「運動」、29「行動観察」

問題41　分野：面接

〈準備〉　絵本

〈問題〉　**この問題の絵はありません。**

【親子課題】
絵本『ごはん』（平野恵理子著・福音館書店）を渡され「どのようにされても構いませんので、お子さんといっしょに楽しんでください」と指示される。面接官は、親子で会話をしている様子を観察した後、志願者に質問をする。

【保護者へ】
・志望動機をお聞かせください(聞かれない保護者もあり)。
・家庭の教育観についてお聞かせください。
・子どもと接する時に大切にしていることは何ですか。
・お子さんは家族の方と何をして遊びますか（志願者にも同じ質問をする）。
・新設校であり、上級生がいないことへの不安はありませんか。
・テーマ作文の内容から質問。

【志願者へ】
・名前と年齢、通っている園の名前を教えてください。
・仲のよいお友だちの名前を教えてください。
・家の人とどんなことをして遊びますか。
・どんな遊びが好きですか（答えた内容に対して「その遊びのどんなところが楽しいですか」）。
・どんな本が好きですか（答えた内容に対して「その本のどんなところが好きですか」）。
・お父さんやお母さんにどんなときに褒められますか（答えた内容に対して「褒められると、どんな気持ちになりますか」）。
・将来は何になりたいですか（答えた内容に対して「どうしてそれになりたいのですか」）。
・保護者のテーマ作文の内容から質問。

〈時間〉　10分程度

〈解答〉　省略

［2020年度出題］

学習のポイント

『ごはん』は、ストーリー仕立ての絵本ではなく、ページをめくるごとに、さまざまな「ご飯もの」の料理が、ずらっと並んでいる絵本です。「食」を大切にする当校らしいテーマ設定だと言えるでしょう。それらの料理の絵をみながら、家族でお話を広げていく様子を面接官が観察します。保護者と子どもがいっしょに面接する際、保護者の方が答えた後、受験者にも同じ質問をすることがよくあります。ここでは、両者の答えに相違がないかということと同時に、子どもが保護者の顔色を見て答える様子がないかどうかも観られています。受験者への質問では、回答した内容について、さらに掘り下げる質問（それはなぜですかなど）をすることがあります。これは、はじめの回答そのものではなく、その理由や根拠を聞くことで、家庭での実体験を知ろうとしているのだと考えられます。日常生活でも、お子さまに「なぜ」「どうして」を問いかけ、自分の言葉で説明できるよう促してください。

【おすすめ問題集】
新・小学校受験の入試面接Q＆A

問題42　分野：行動観察（集団行動）

〈準備〉　なし

〈問題〉　**この問題の絵はありません。**
テーマ「親として子どもに伝えたいこと」（1,000字～1,100字）
・東京農業大学稲花小学校が求める子ども及び保護者像を理解の上、具体例を挙げながらご家庭の考えをお書きください。
・各家庭の毎日の生活において、保護者として子どもに何を伝えようとしているのか、具体例を示しながら記述してください。

〈解答〉　省略

[2020年度出題]

学習のポイント

Webでの出願とは別に、事前に郵送する作文です。この場合、学校側から求められていることを、すべて満たすことが重要です。まず、家庭の教育観について書くことが求められています。ここでは当校の求める子ども像と保護者像とを熟読して、必ず具体例を挙げなければなりません。例えば、当校が体験を通じた探究を重視していることをふまえ、家庭でどんな体験をして、どんなことを教えているかを書く、などです。また入学後に当校に求めることについても、志望動機として書いておくとよいでしょう。次に求められている、保護者として伝えようとしていることについても、具体例が必要です。「〇〇を通して△△を伝えたい」ということや、「□□の時には◇◇できるように育ってほしい」ということを、しっかり書くようにしてください。文字数に著しく満たなかった場合、志望の意欲が低いとみなされる場合もあります。なお、自筆で書いたから加点される、ということはなく、パソコンのワープロソフトの出力原稿でも構いません。

【おすすめ問題集】
新小学校受験 願書・アンケート・作文 文例集500

問題 1

①

②

③

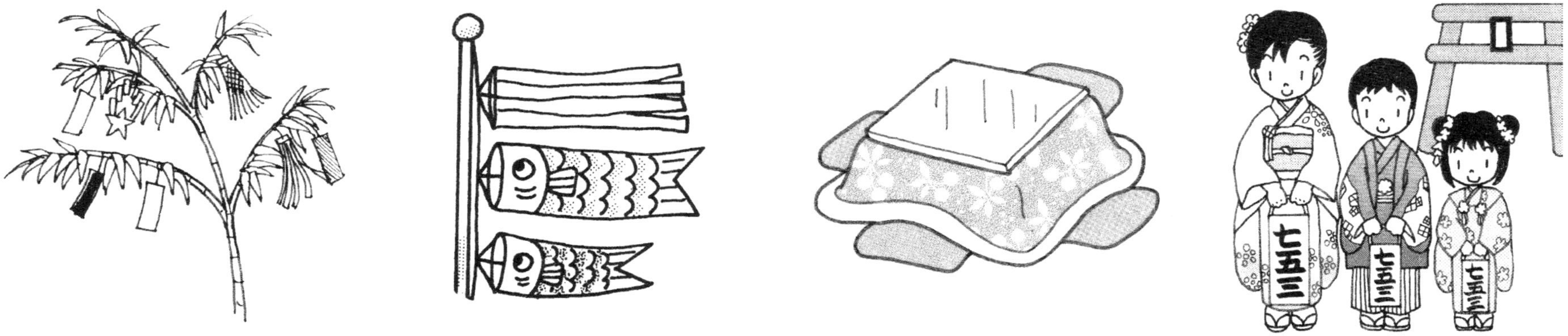

2024 年度 東京農業大学稲花小学校 過去 無断複製／転載を禁ずる

2024 年度 東京農業大学稲花小学校 過去 無断複製／転載を禁ずる 日本学習図書株式会社

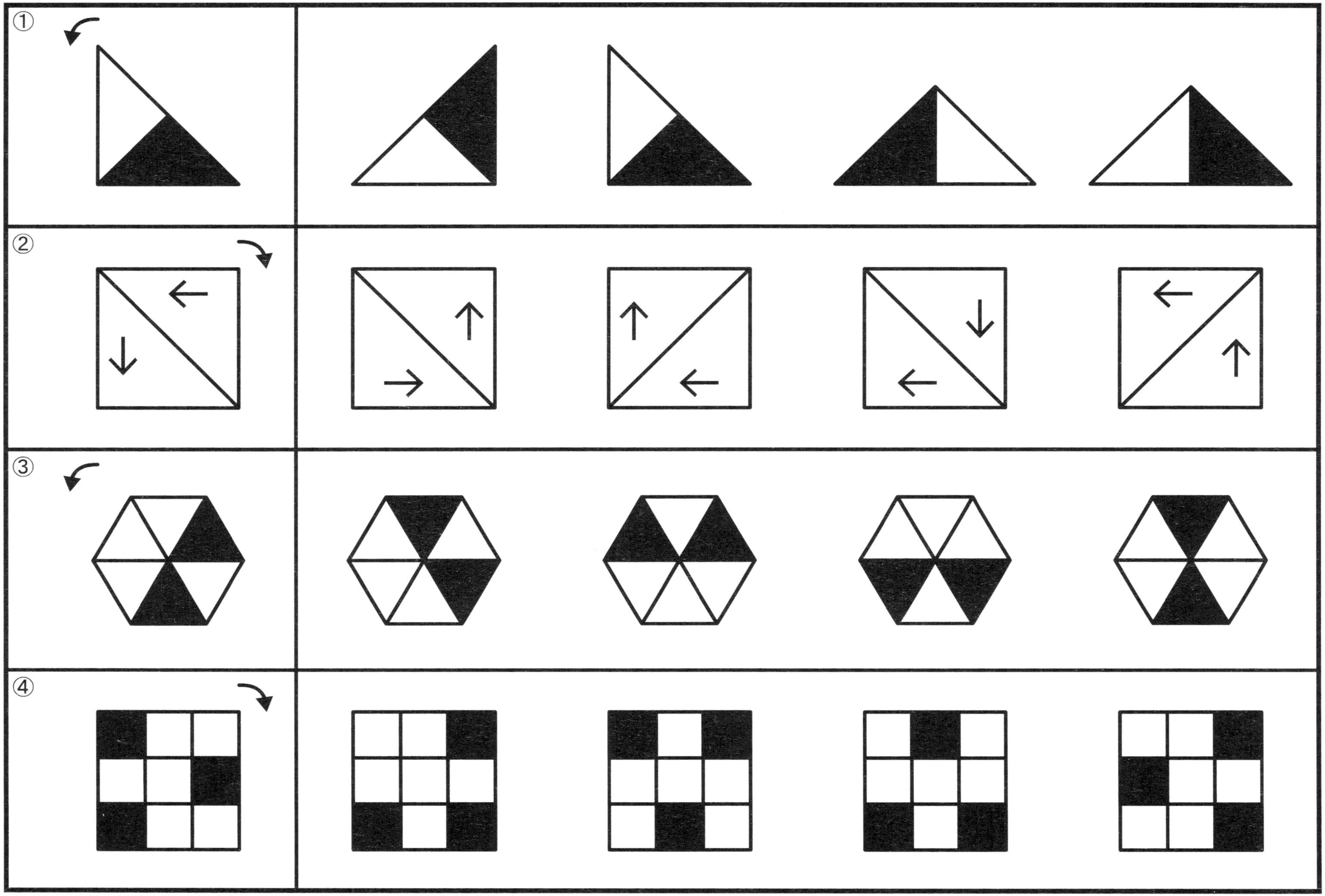

問題 3

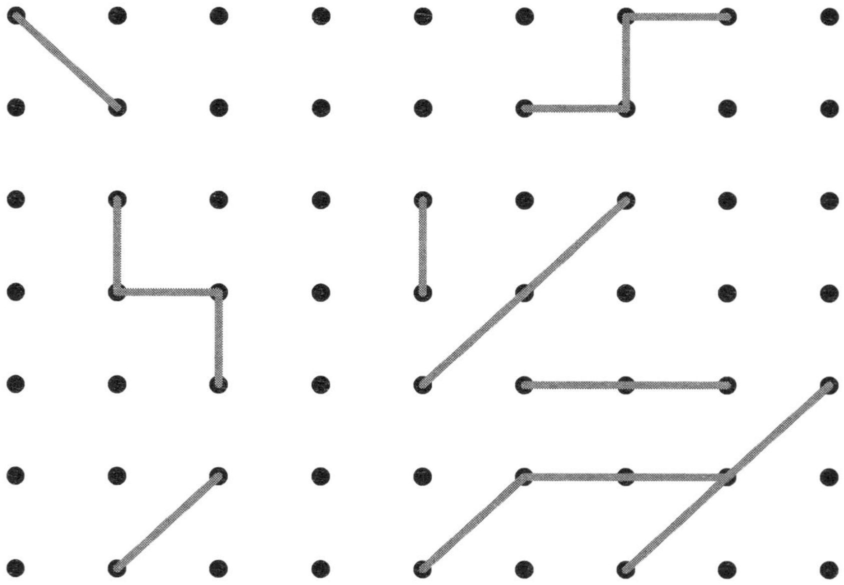

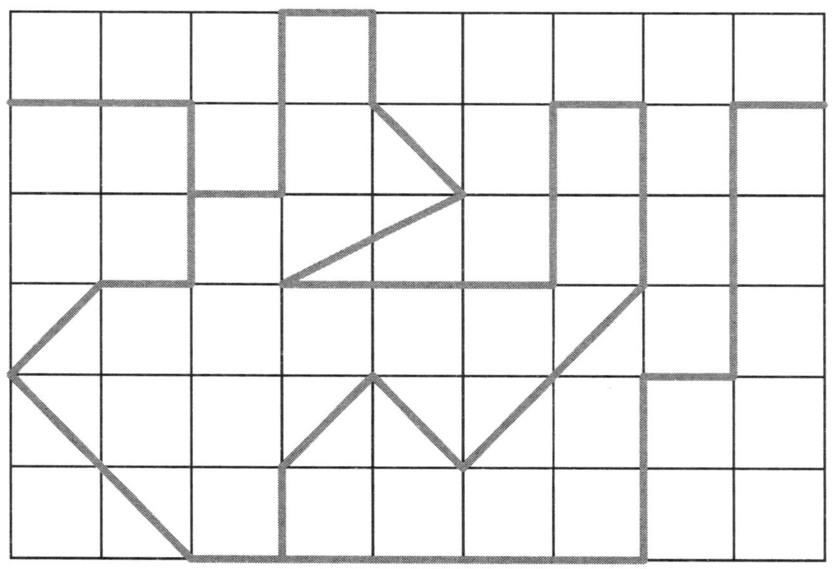

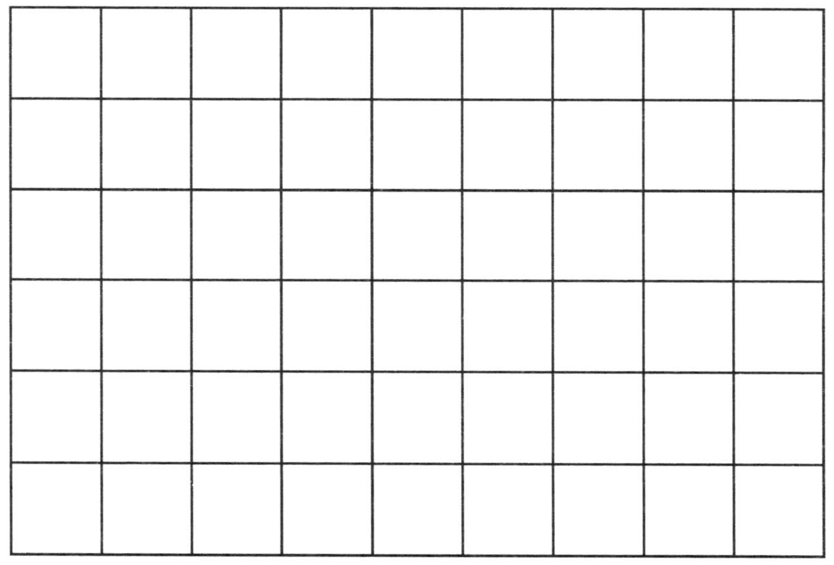

 無断複製／転載を禁ずる

2024 年度 東京農業大学稲花小学校 過去 無断複製／転載を禁ずる 日本学習図書株式会社

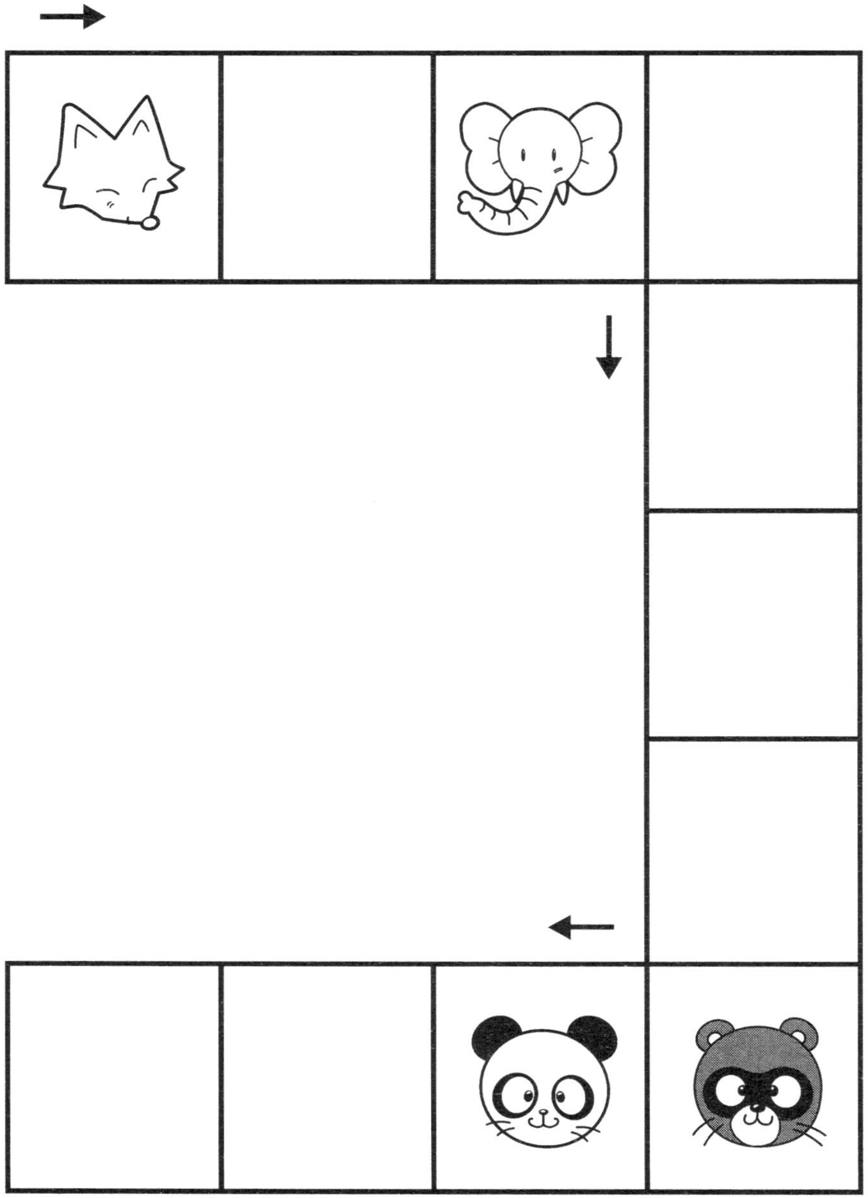

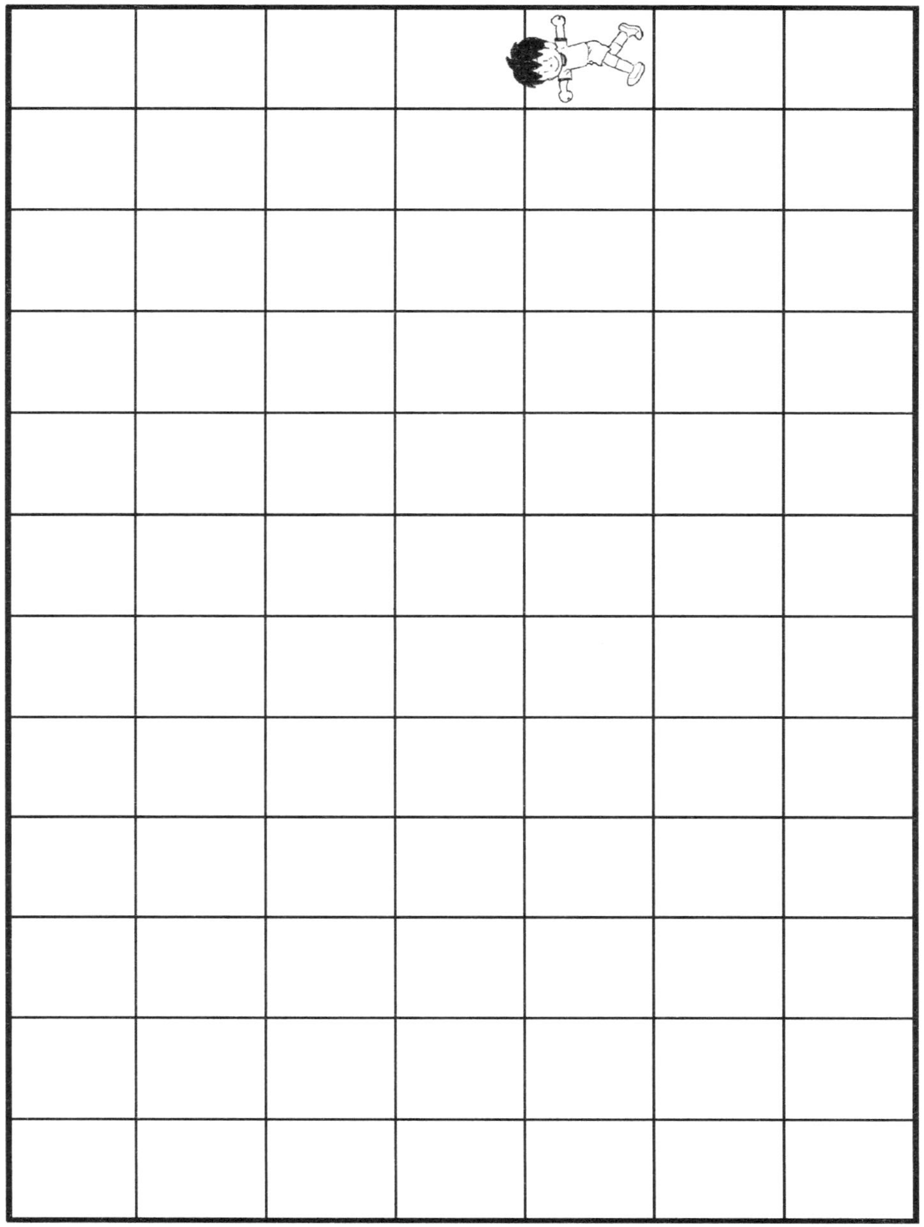

2024 年度 東京農業大学稲花小学校 過去 無断複製／転載を禁ずる　　　日本学習図書株式会社

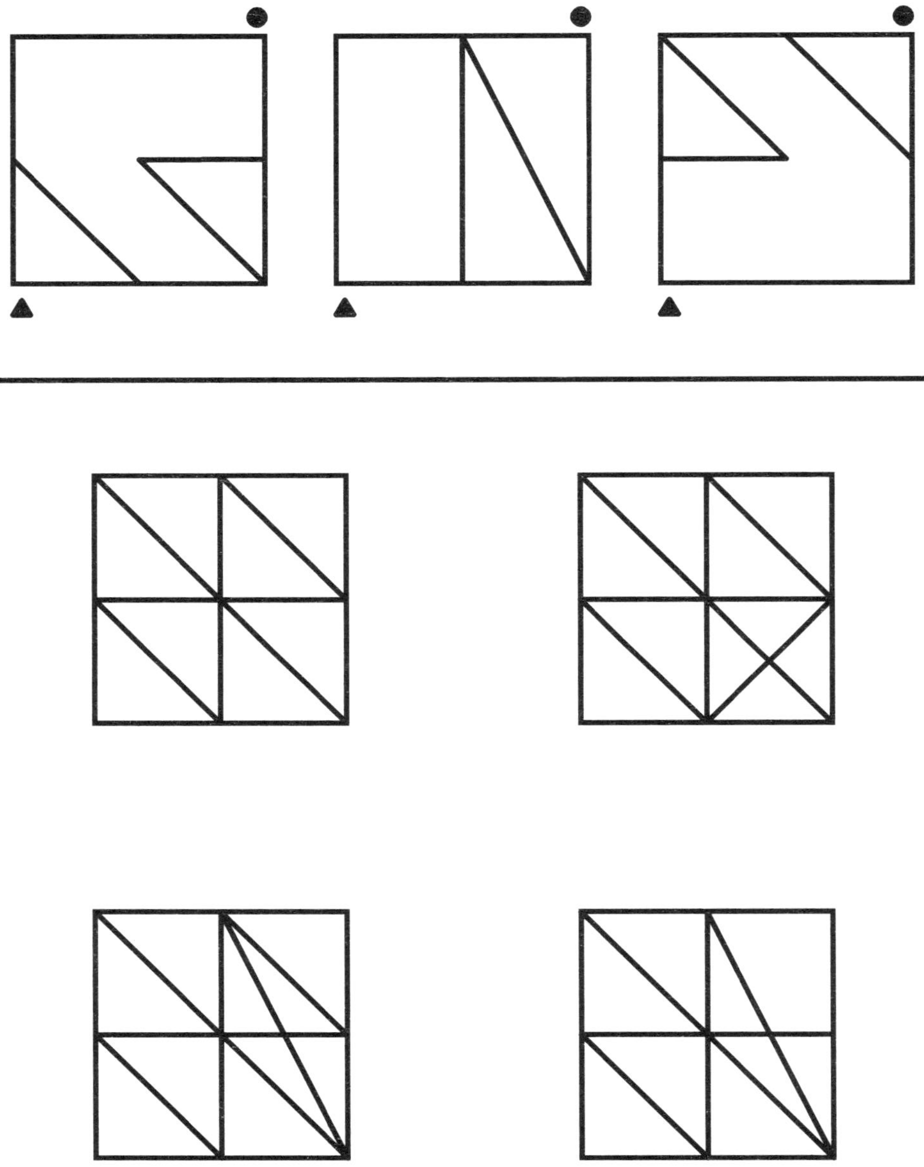

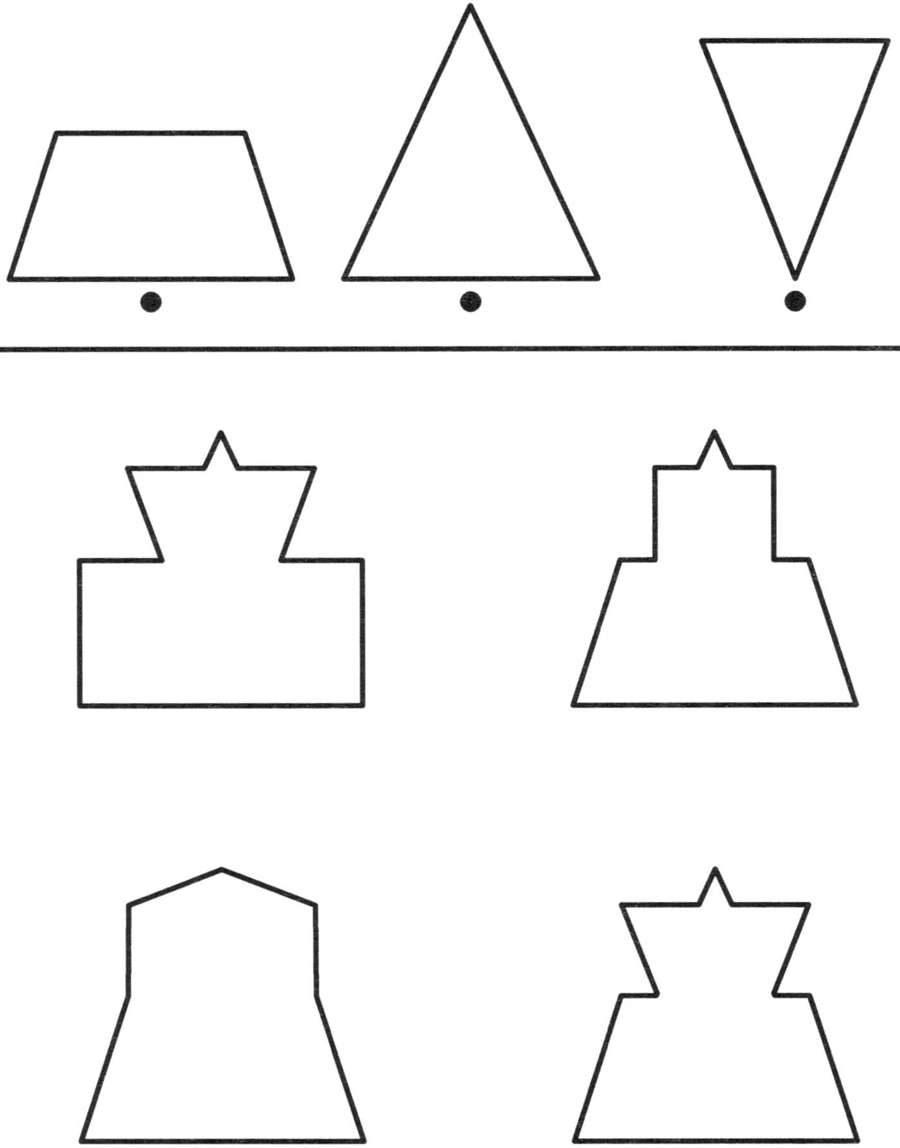

2024年度 東京農業大学稲花小学校 過去 無断複製／転載を禁ずる　　日本学習図書株式会社

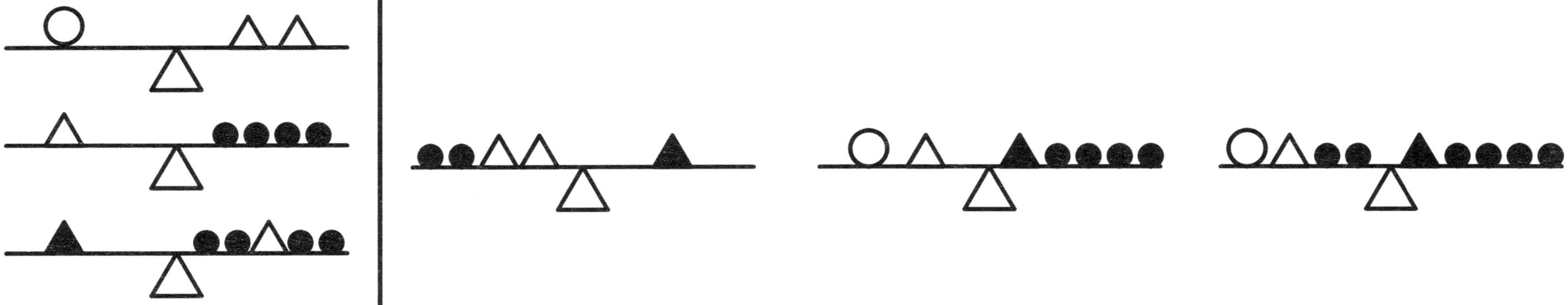

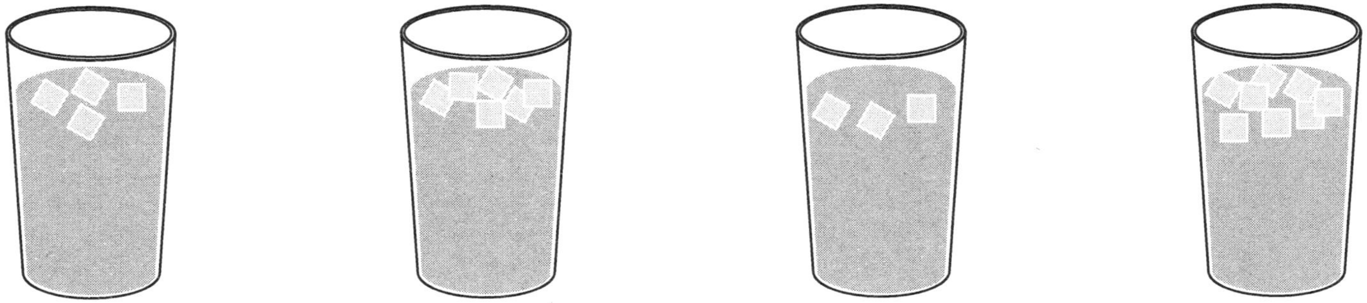

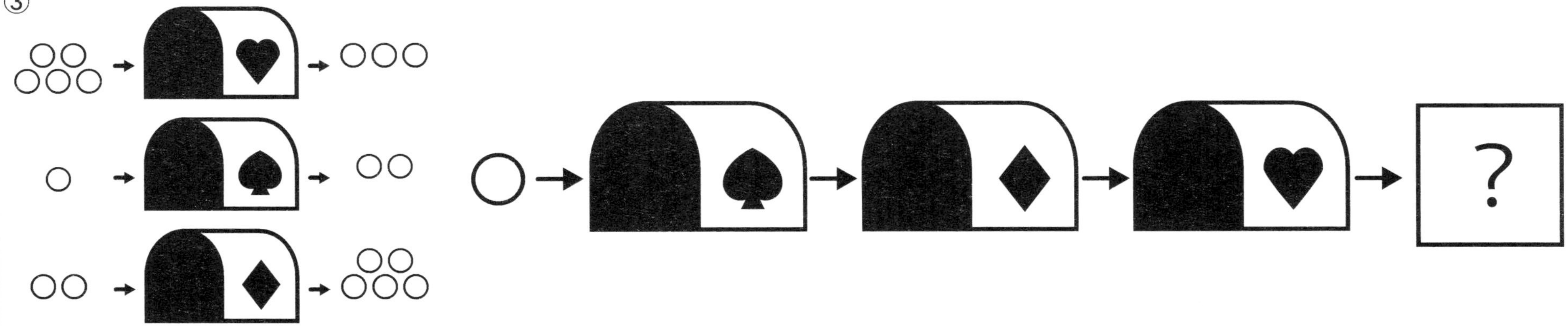

問題 7

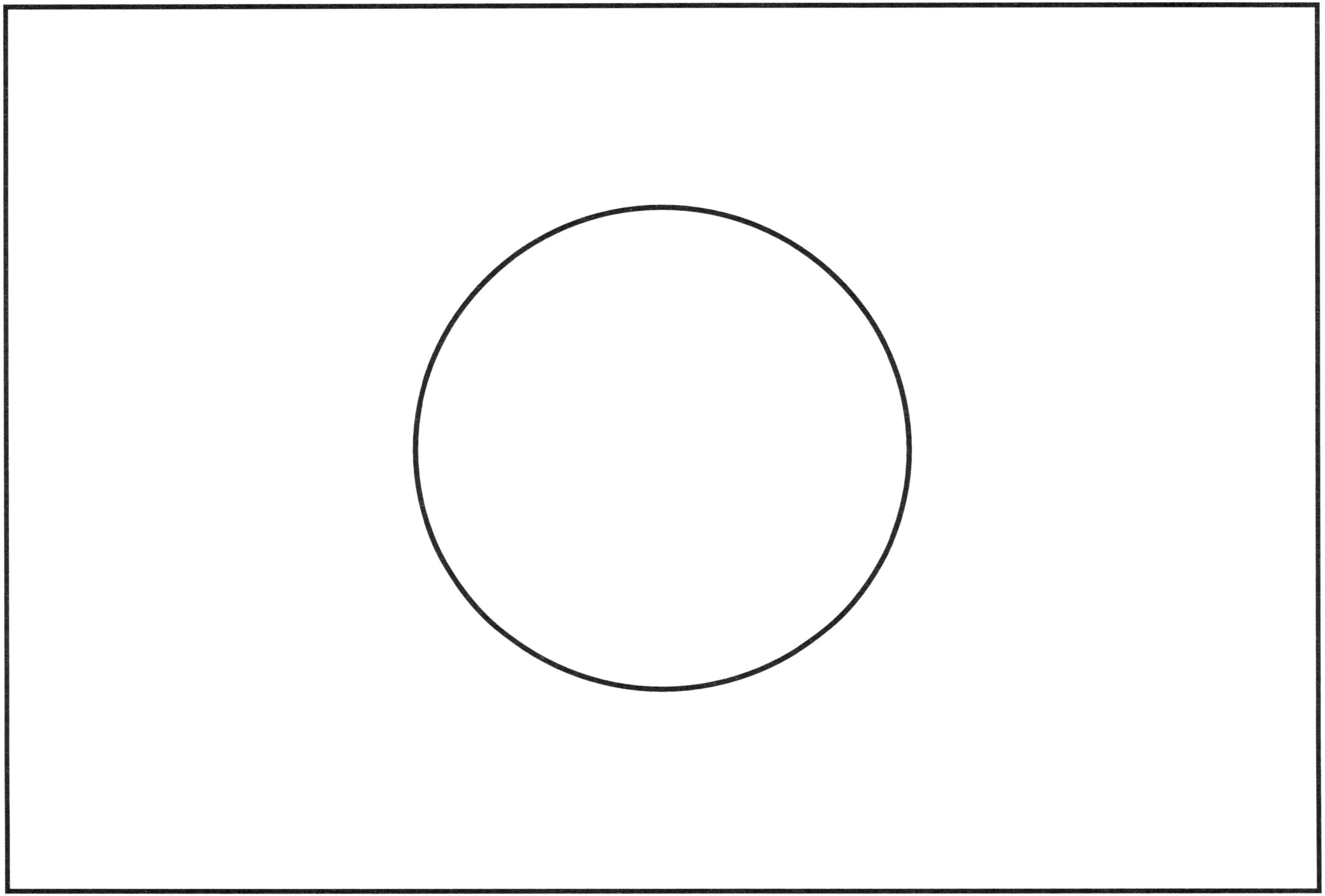

　無断複製／転載を禁ずる

日本学習図書株式会社

問題9

①

②

③

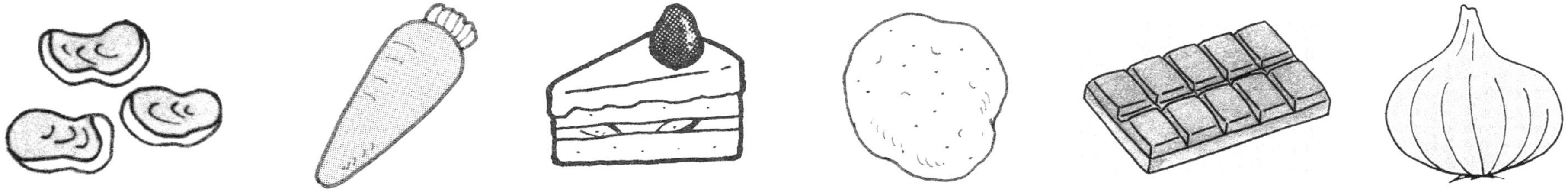

無断複製／転載を禁ずる

日本学習図書株式会社

問題１１

①

②

③

④

 無断複製／転載を禁ずる 日本学習図書株式会社

2024 年度 東京農業大学稲花小学校 過去 無断複製／転載を禁ずる 日本学習図書株式会社

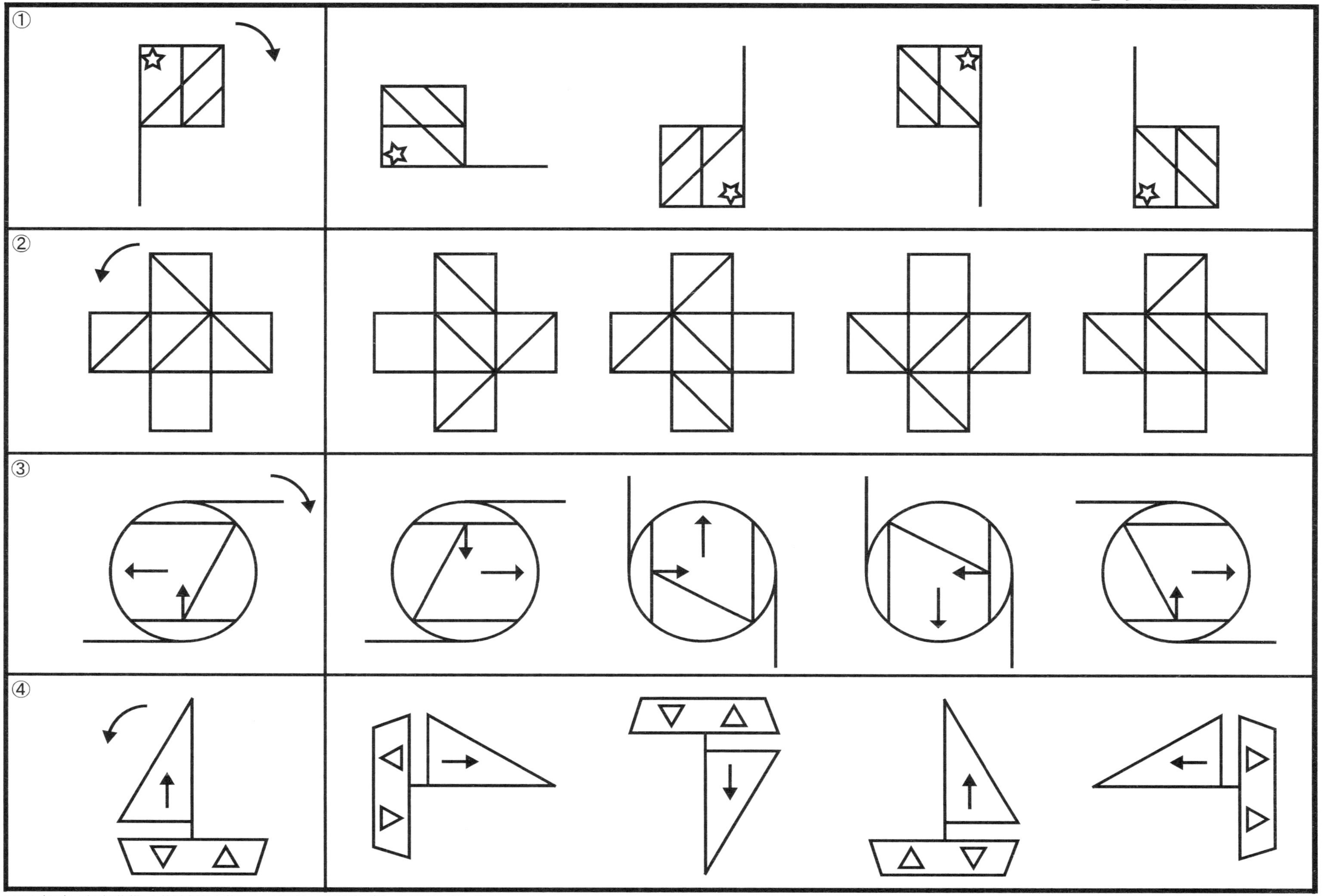

2024 年度 東京農業大学稲花小学校 過去 無断複製／転載を禁ずる

日本学習図書株式会社

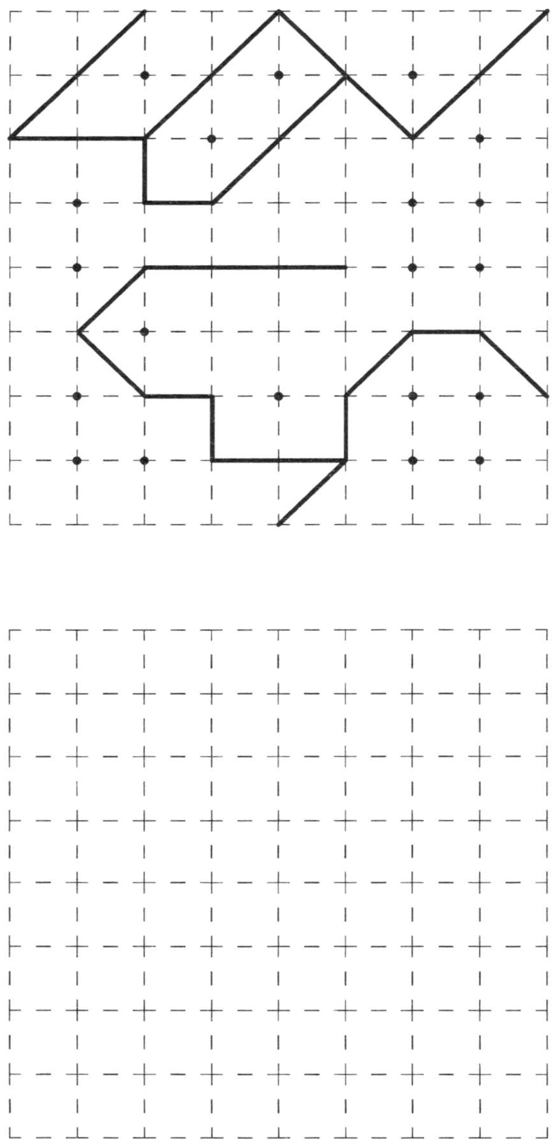

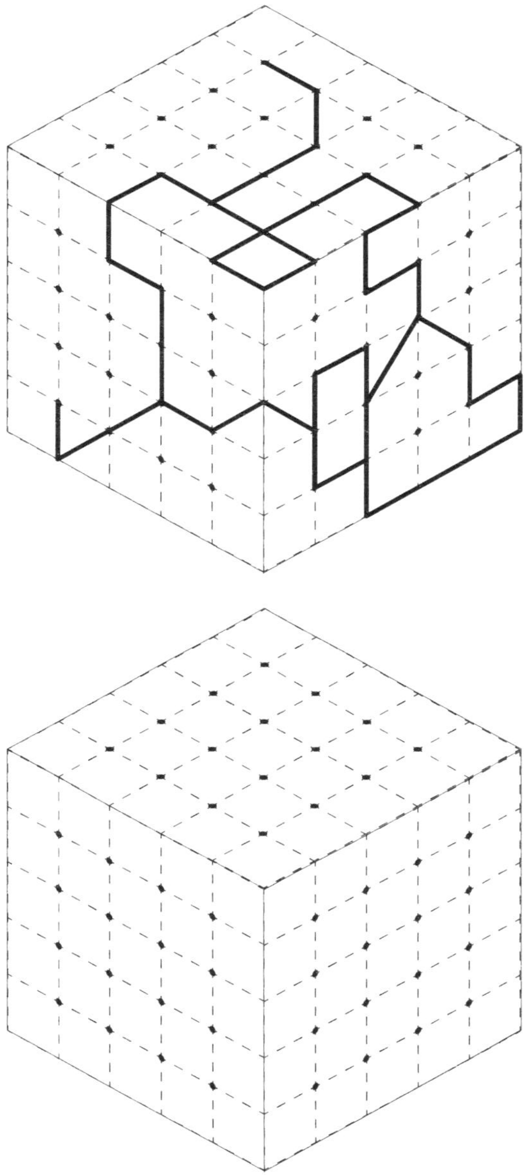

2024 年度 東京農業大学稲花小学校 過去 無断複製／転載を禁ずる　　日本学習図書株式会社

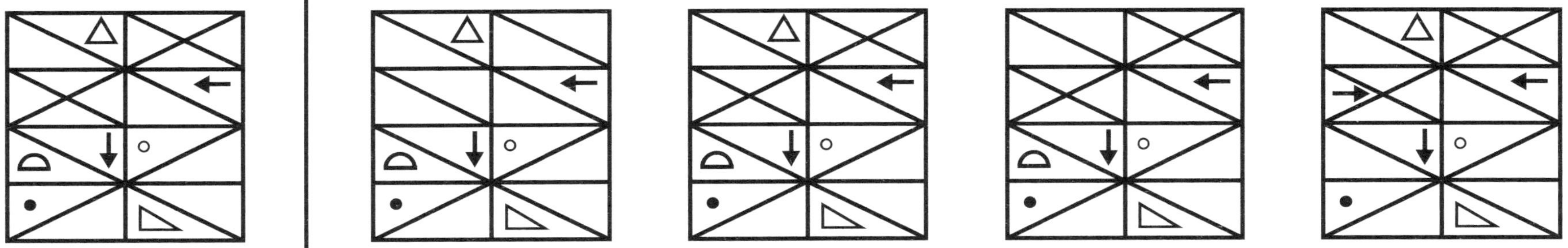

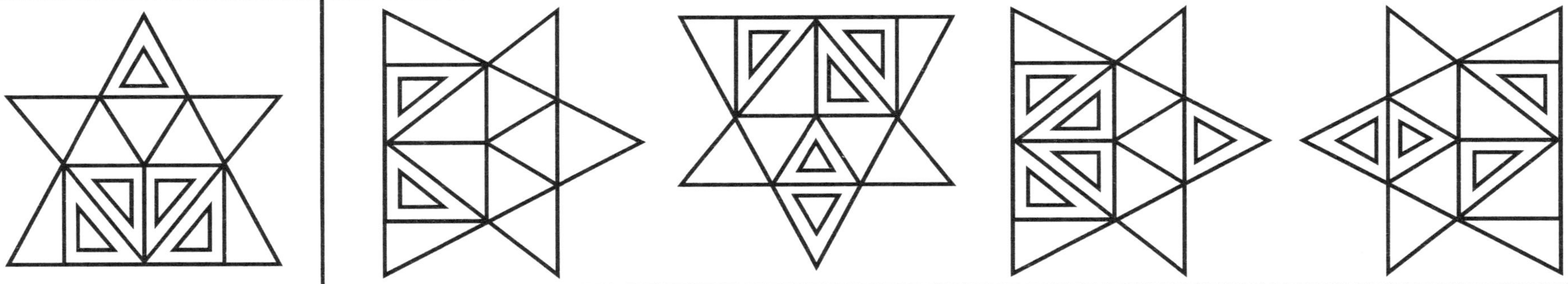

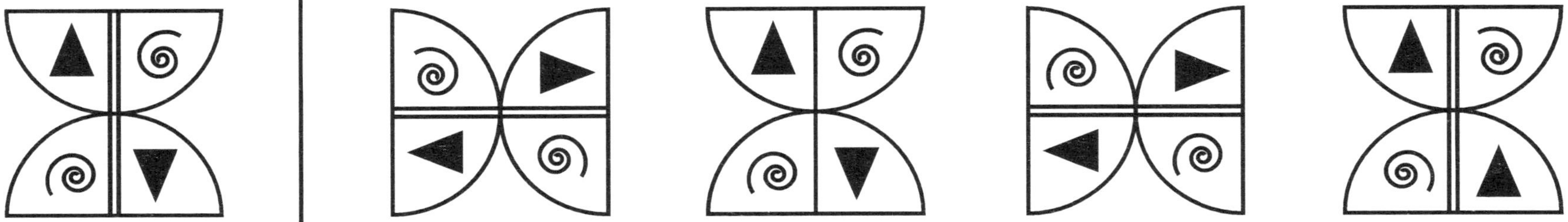

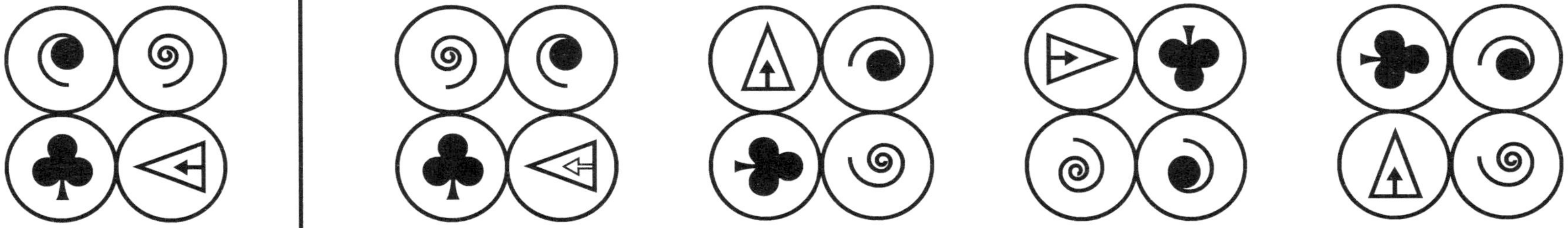

2024年度 東京農業大学稲花小学校 過去 無断複製/転載を禁ずる

日本学習図書株式会社

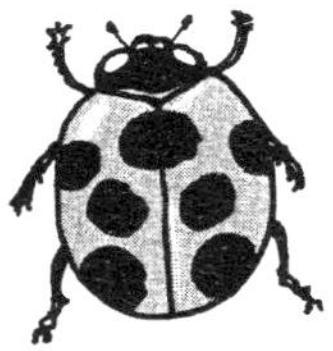

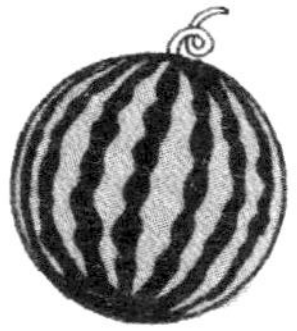

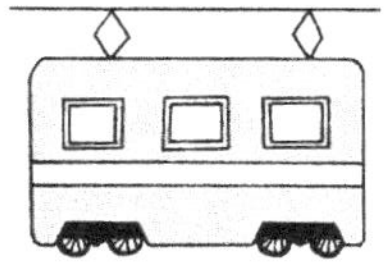

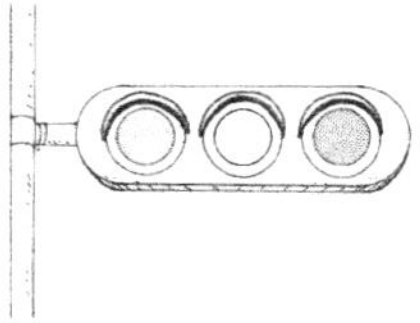

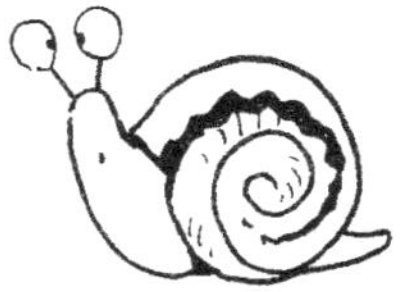

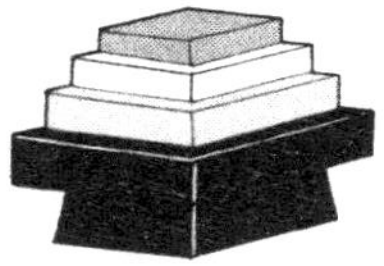

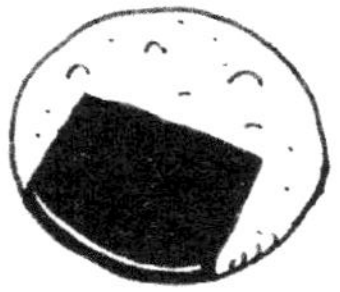

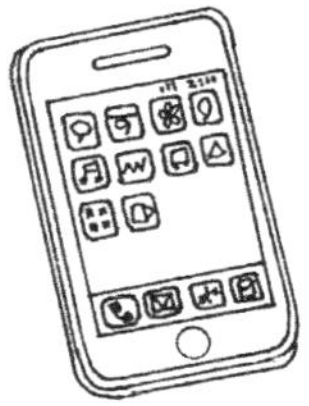

問題１６

無断複製／転載を禁ずる

日本学習図書株式会社

問題１７

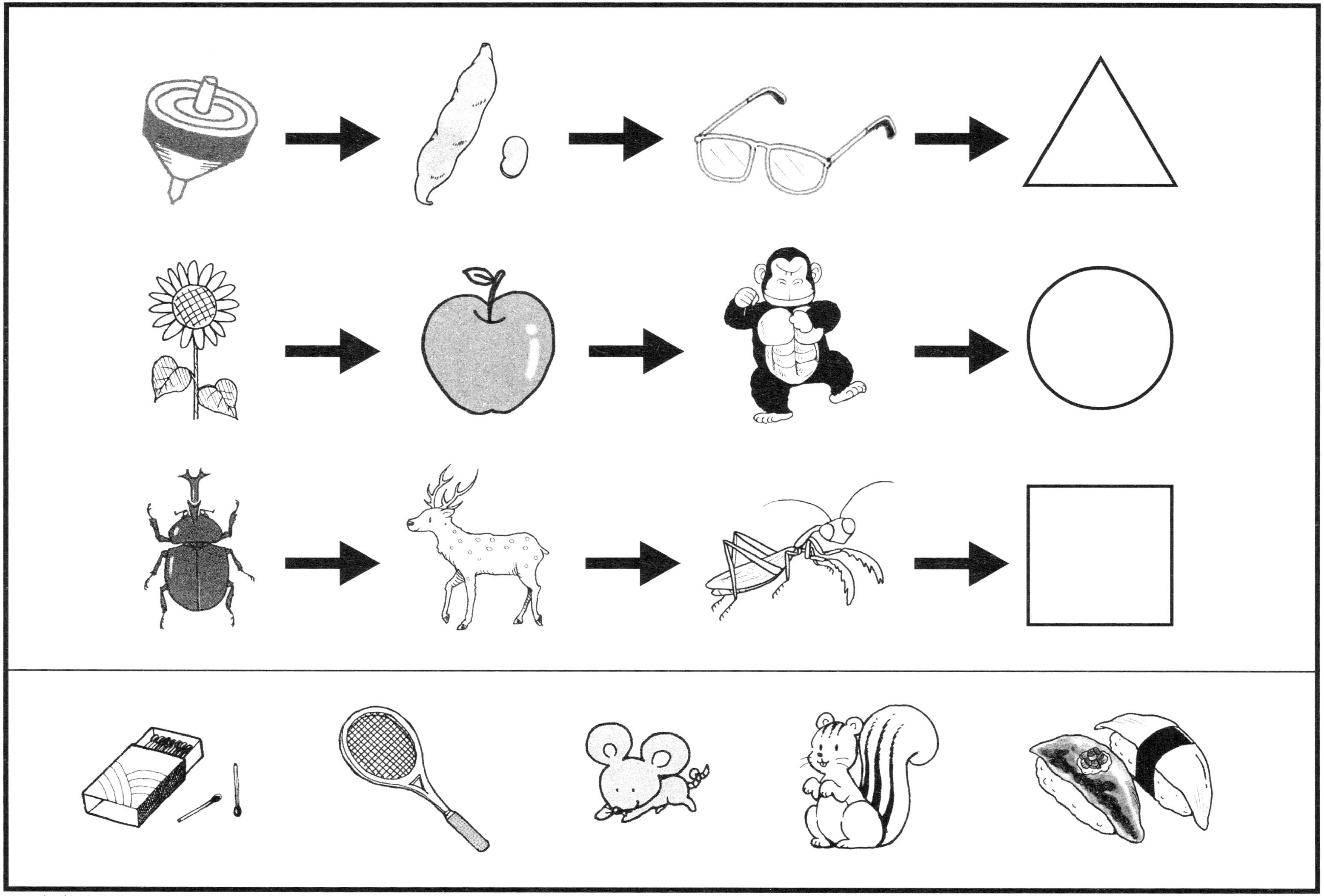

2024年度 東京農業大学稲花小学校　過去　無断複製／転載を禁ずる

日本学習図書株式会社

2024 年度 東京農業大学稲花小学校 過去 無断複製／転載を禁ずる 日本学習図書株式会社

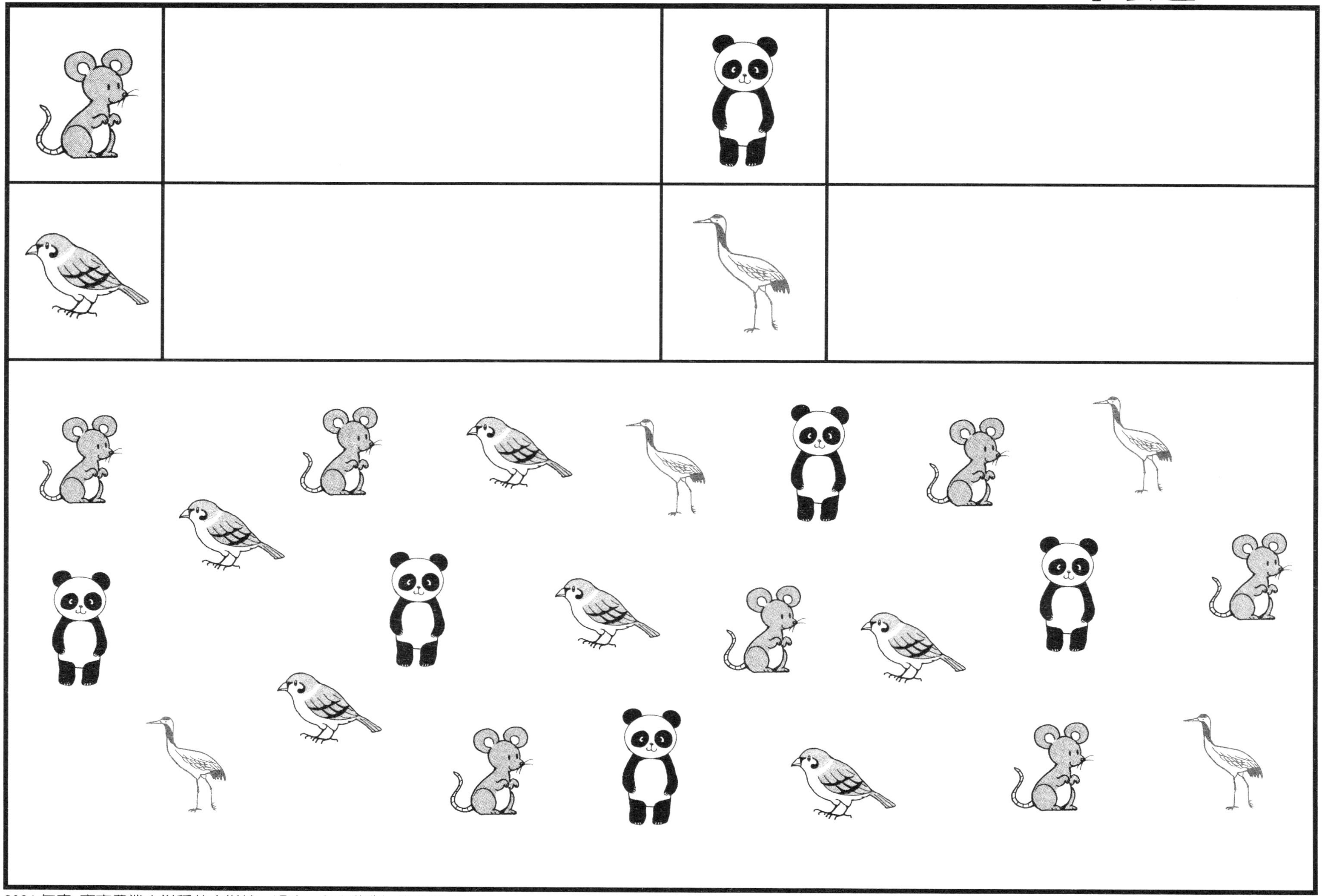

2024年度 東京農業大学稲花小学校 過去 無断複製／転載を禁ずる　　日本学習図書株式会社

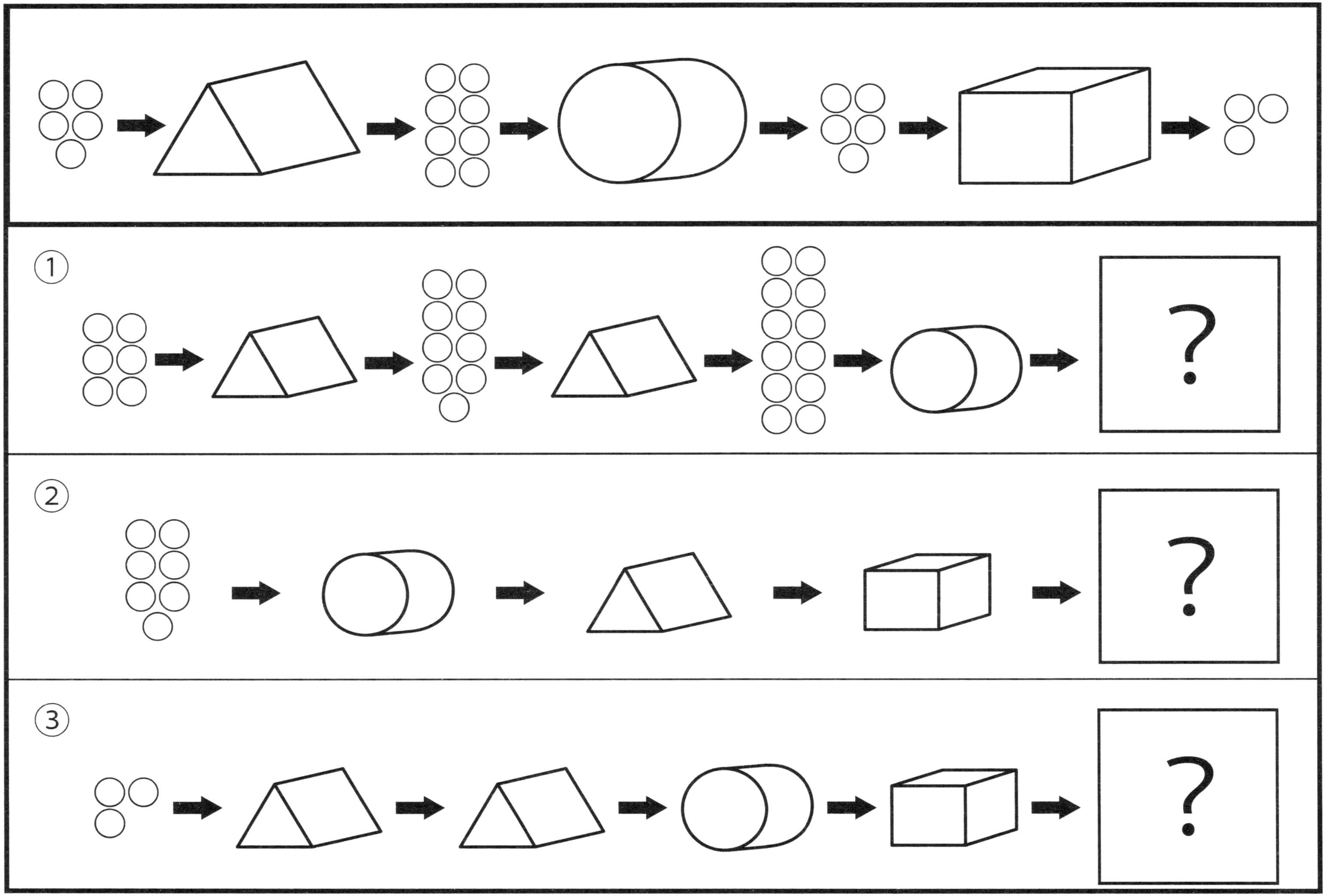

問題 2 1

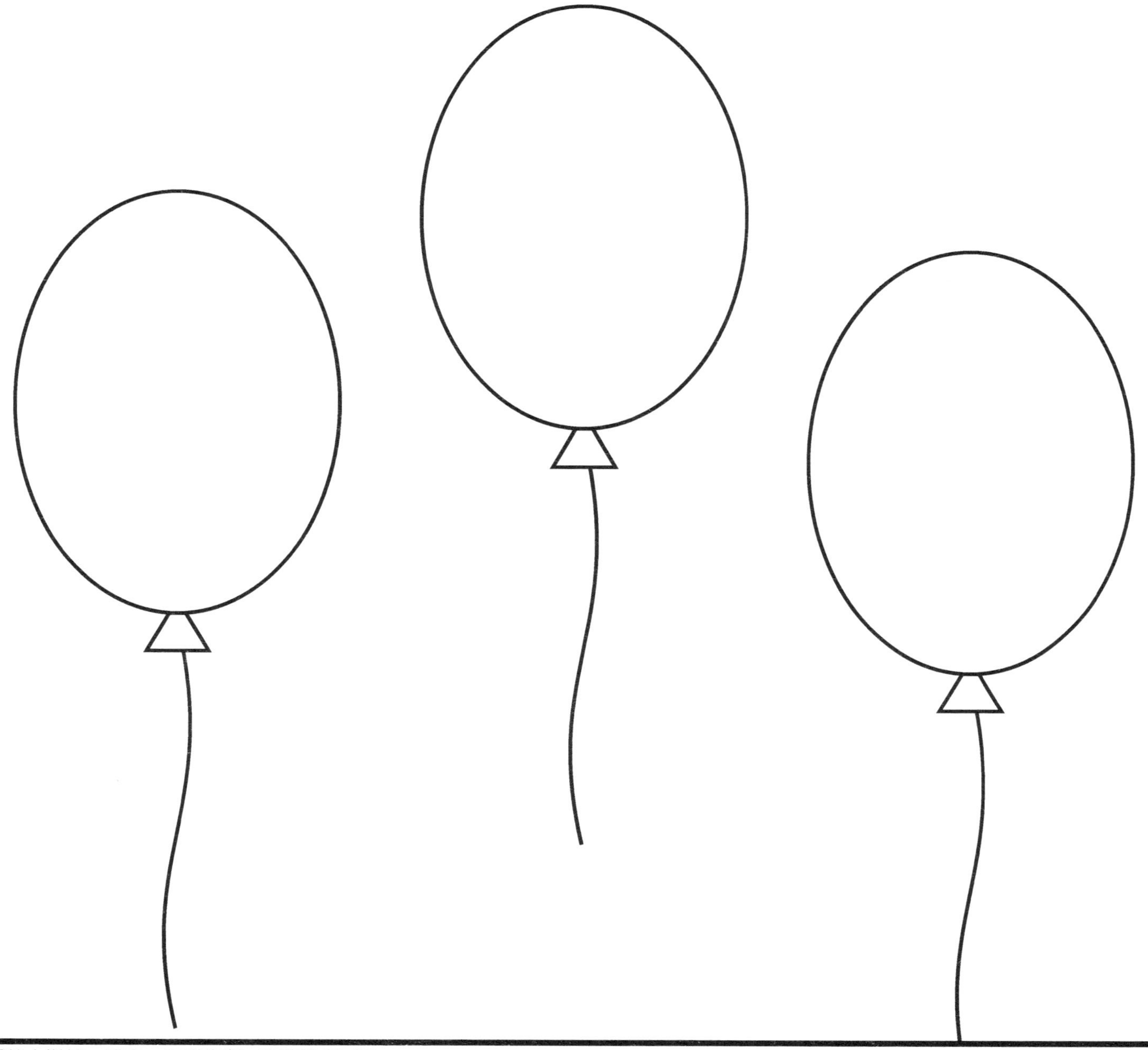

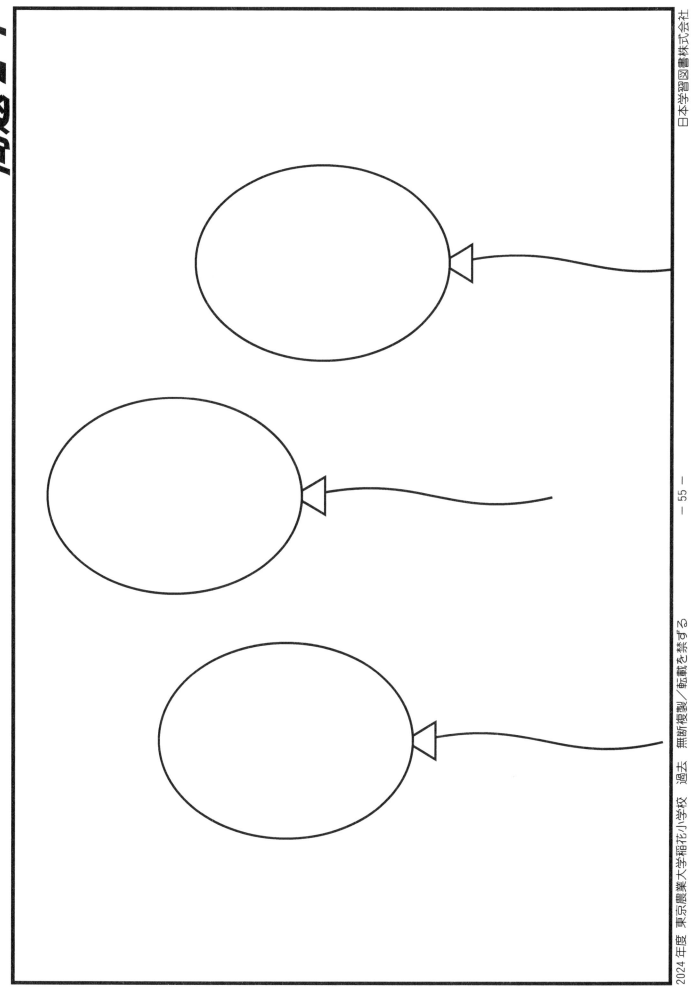

問題23

①

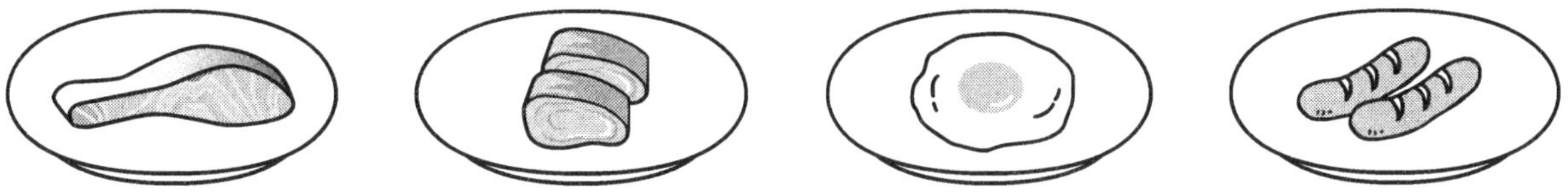

②

③

④

⑤

日本学習図書株式会社

2024年度 東京農業大学稲花小学校 過去 無断複製／転載を禁ずる

問題２４

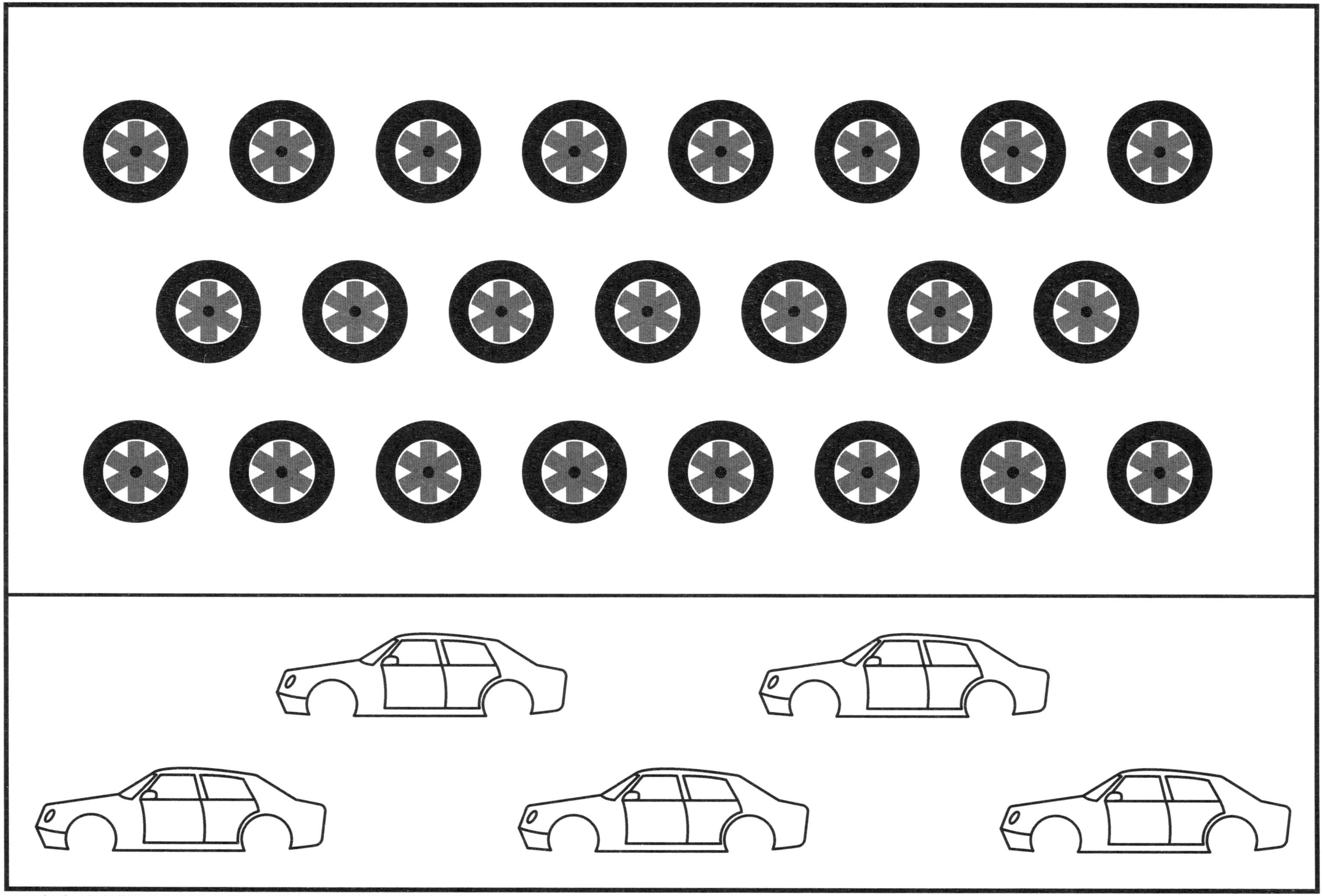

無断複製／転載を禁ずる

日本学習図書株式会社

問題２５

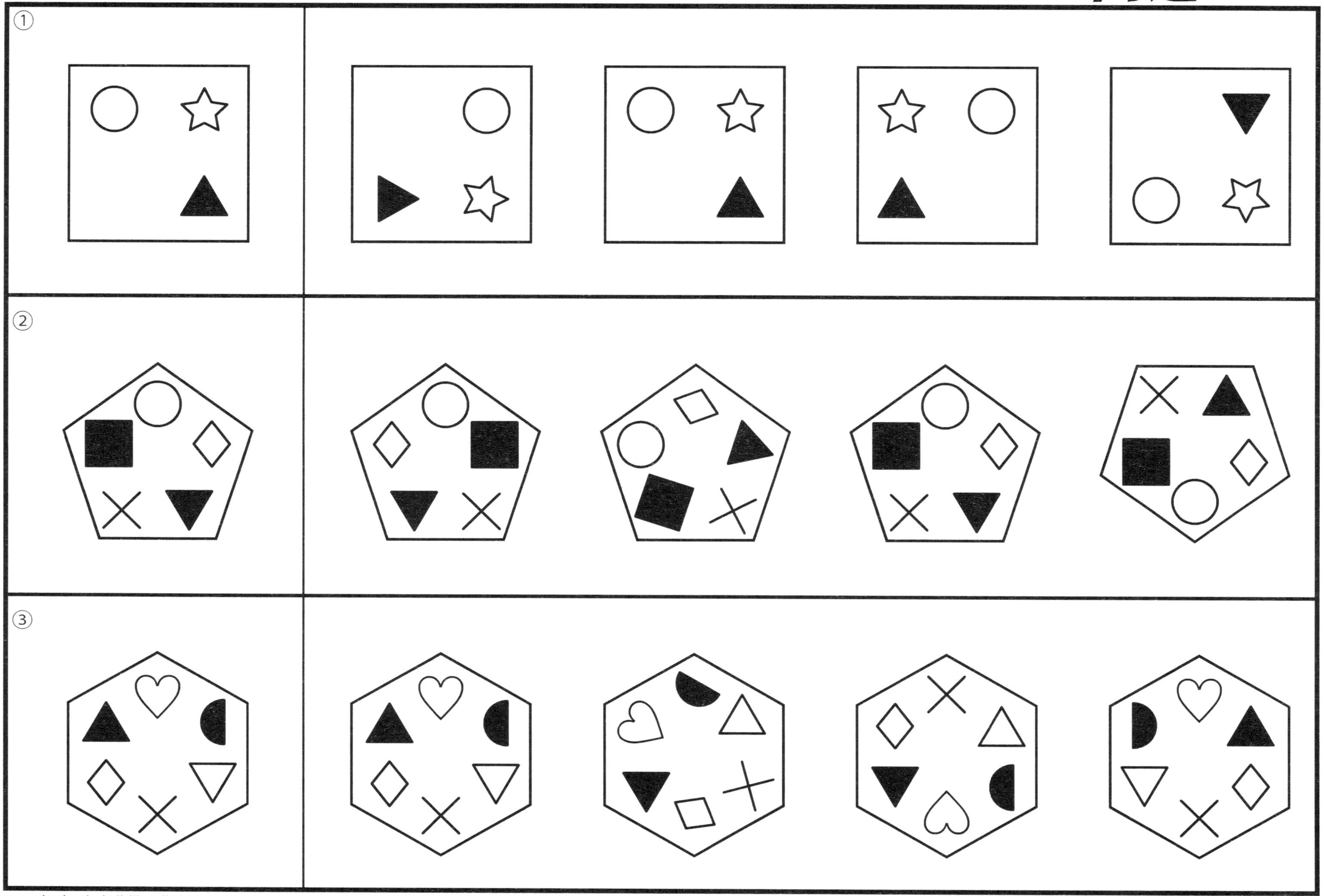

 無断複製／転載を禁ずる 日本学習図書株式会社

2024 年度 東京農業大学稲花小学校 過去 無断複製／転載を禁ずる 日本学習図書株式会社

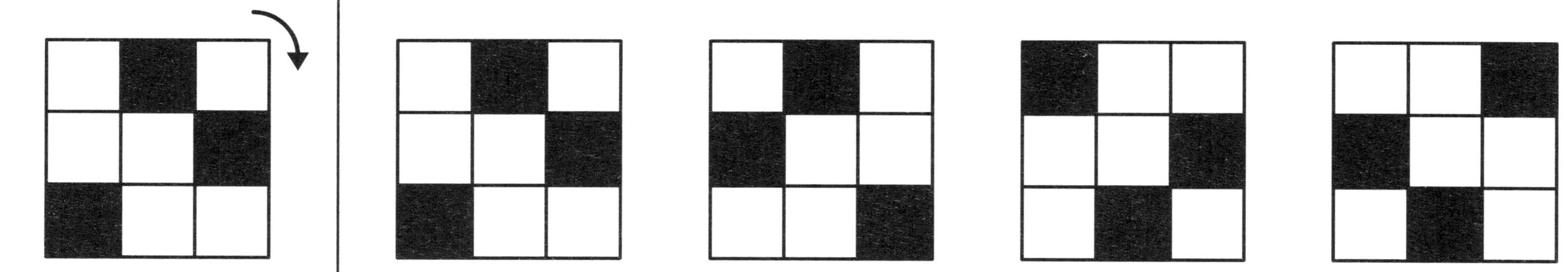

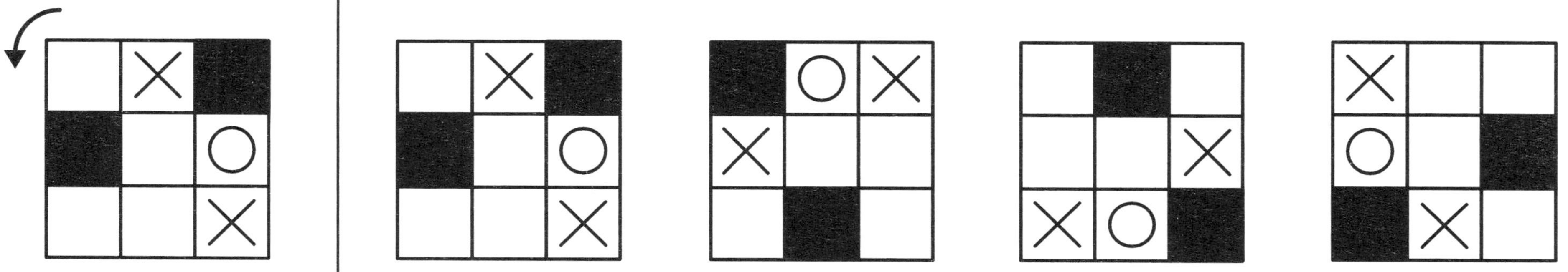

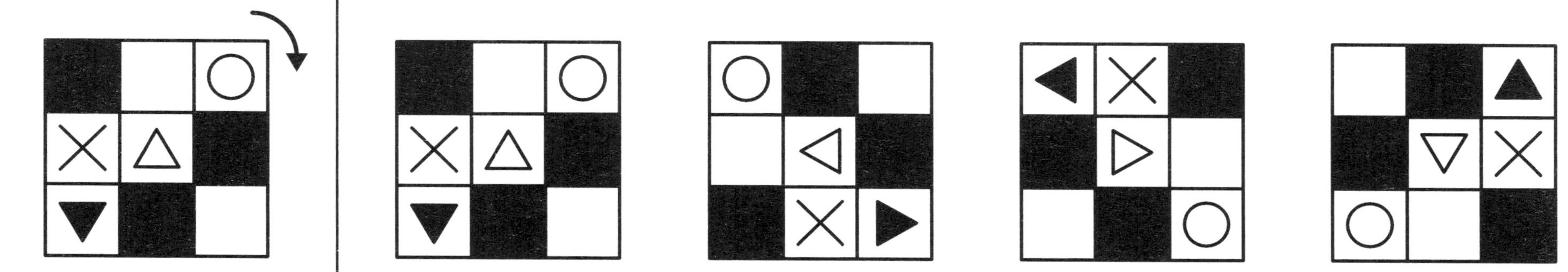

日本学習図書株式会社

2024年度 東京農業大学稲花小学校 過去 無断複製／転載を禁ずる

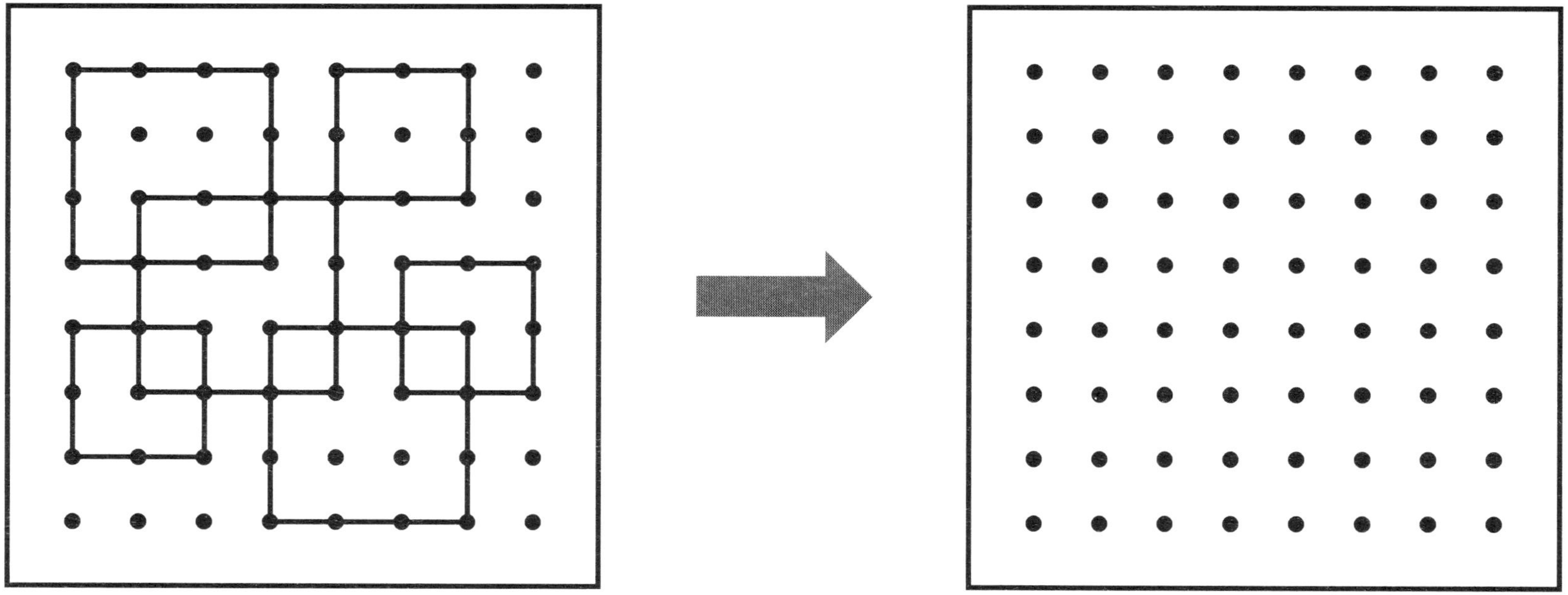

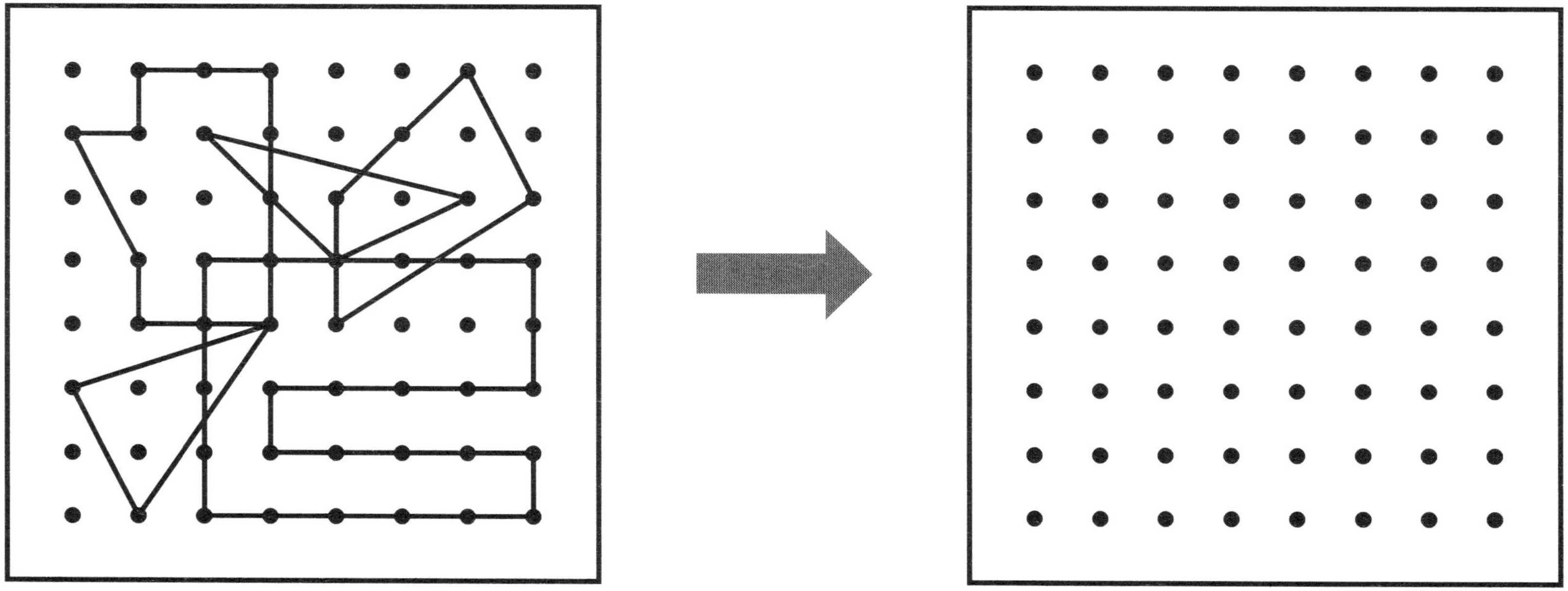

日本学習図書株式会社

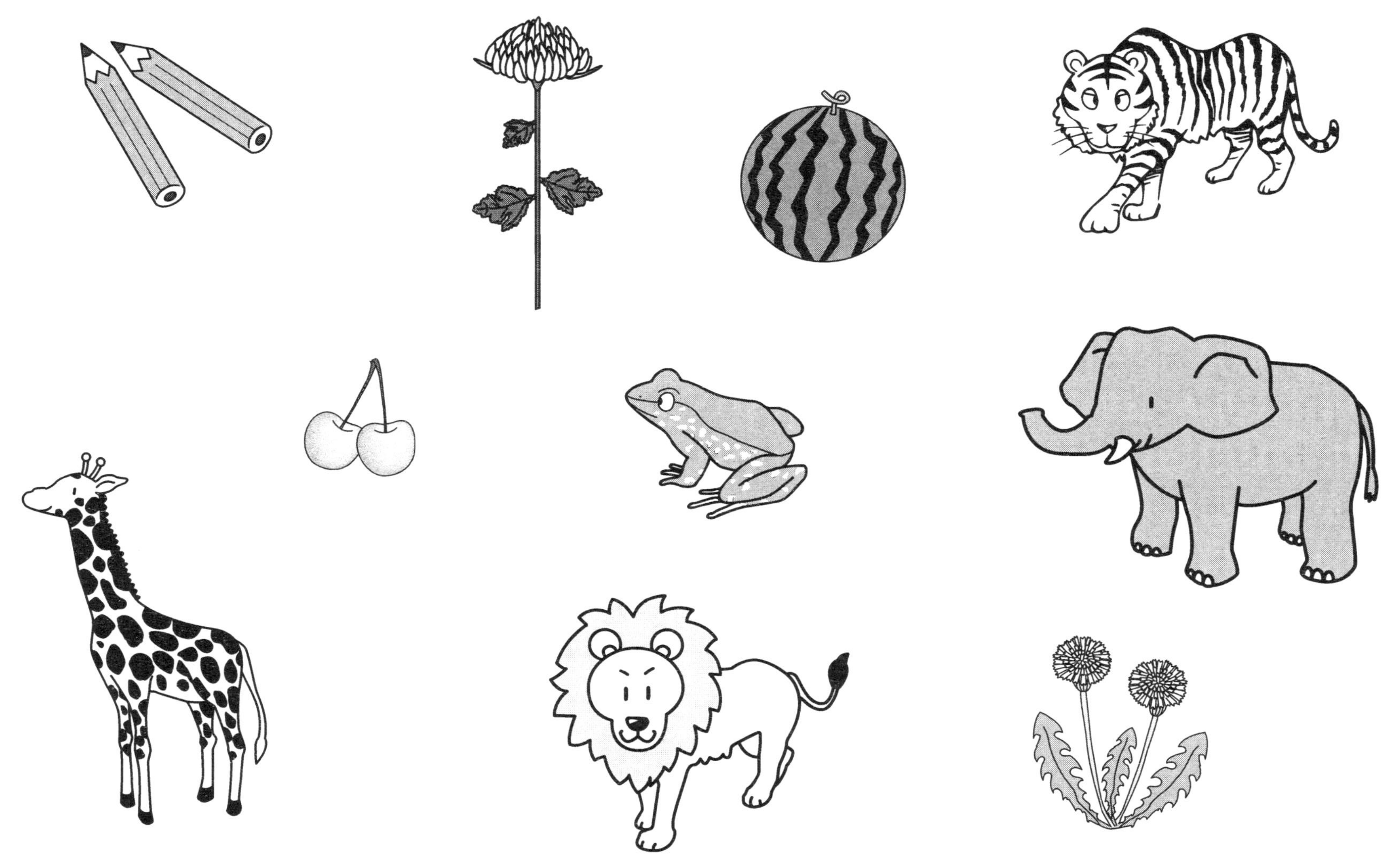

問題２９

無断複製／転載を禁ずる

日本学習図書株式会社

問題３３

①

②

③

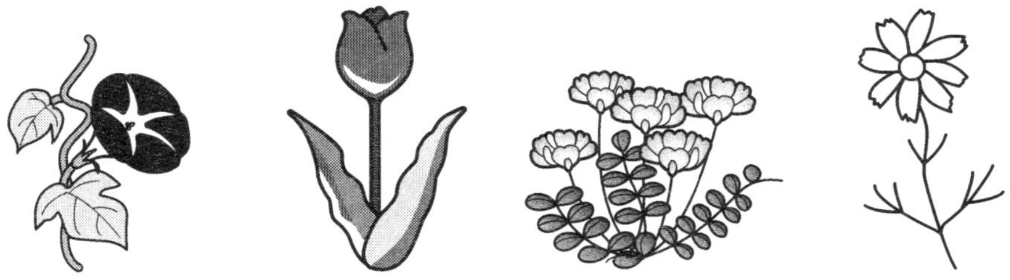

④

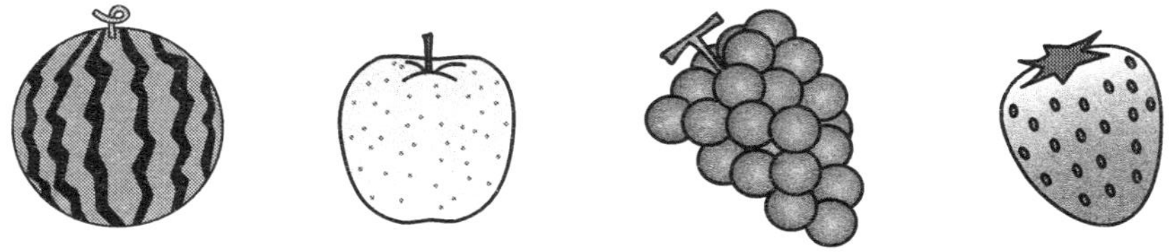

⑤

⑥

⑦

⑧

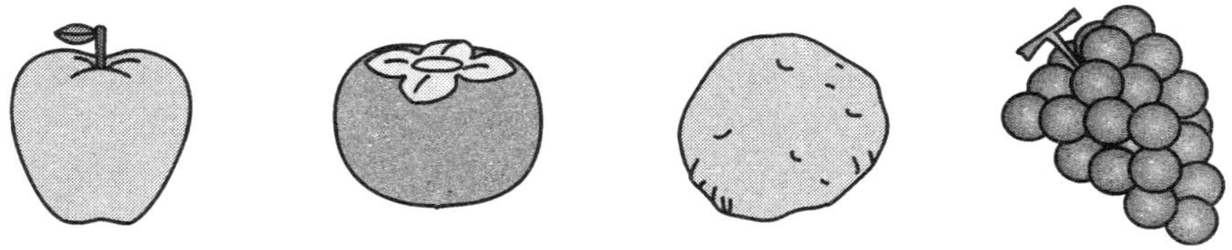

無断複製／転載を禁ずる

2024 年度 東京農業大学稲花小学校 過去 無断複製／転載を禁ずる 日本学習図書株式会社

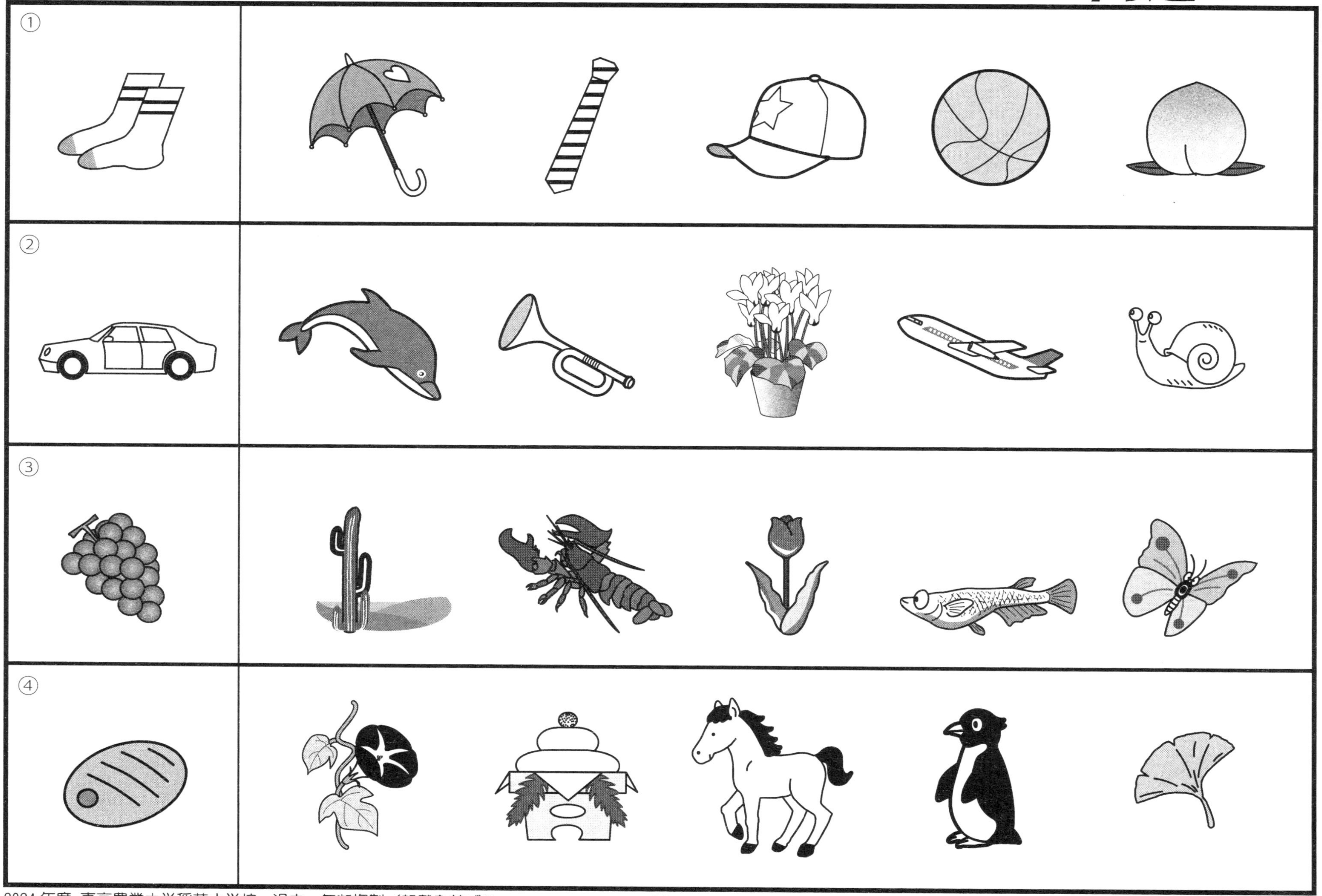

問題３５

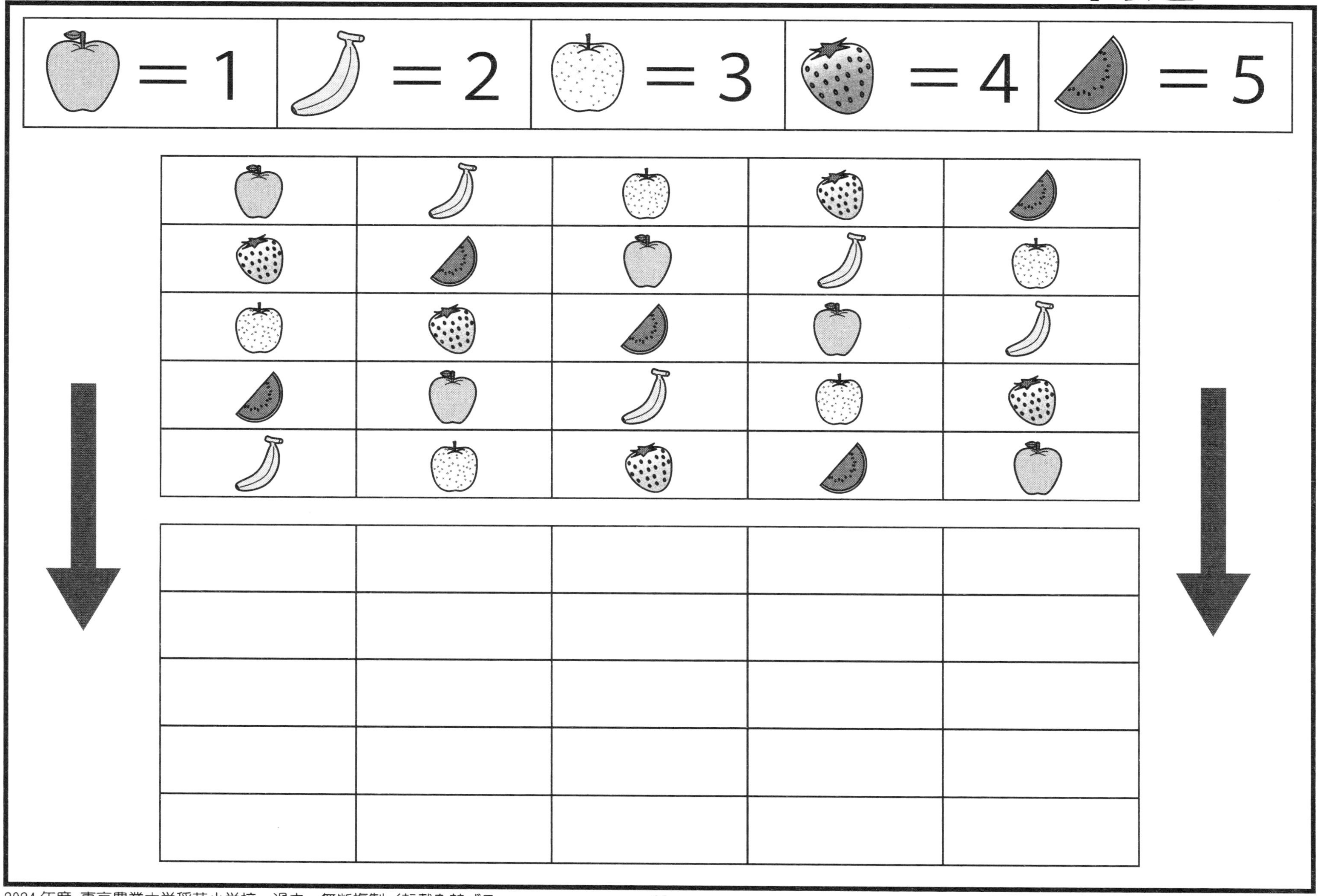

無断複製／転載を禁ずる

日本学習図書株式会社

問題36

①

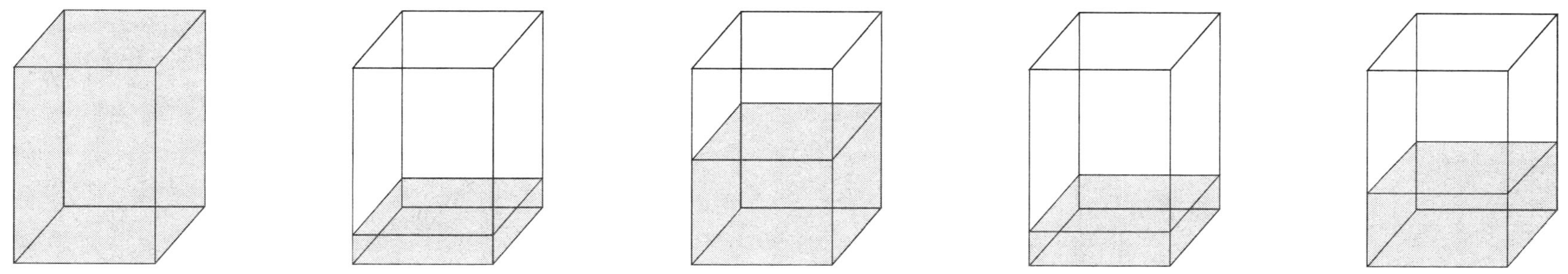

②

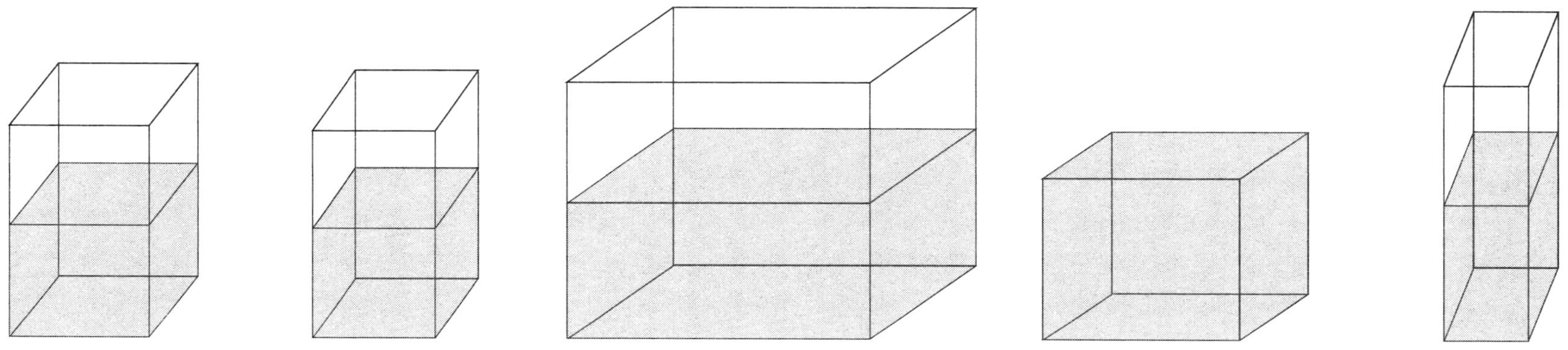

③

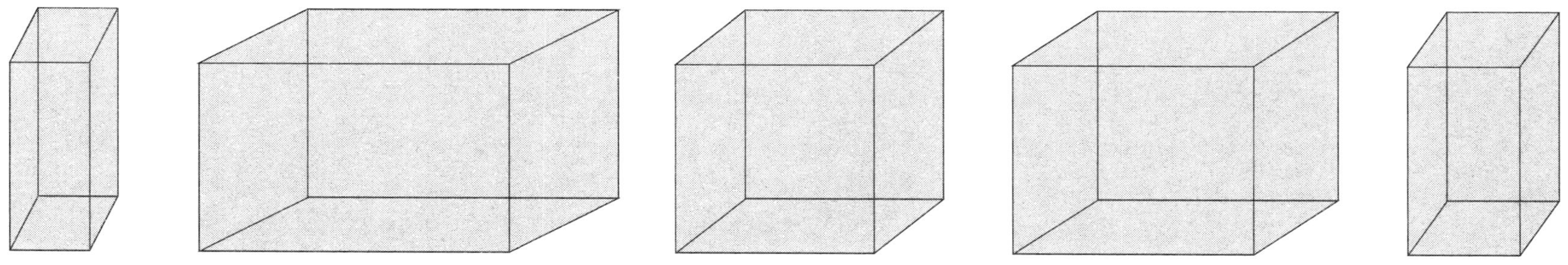

無断複製／転載を禁ずる

日本学習図書株式会社

問題 3 7

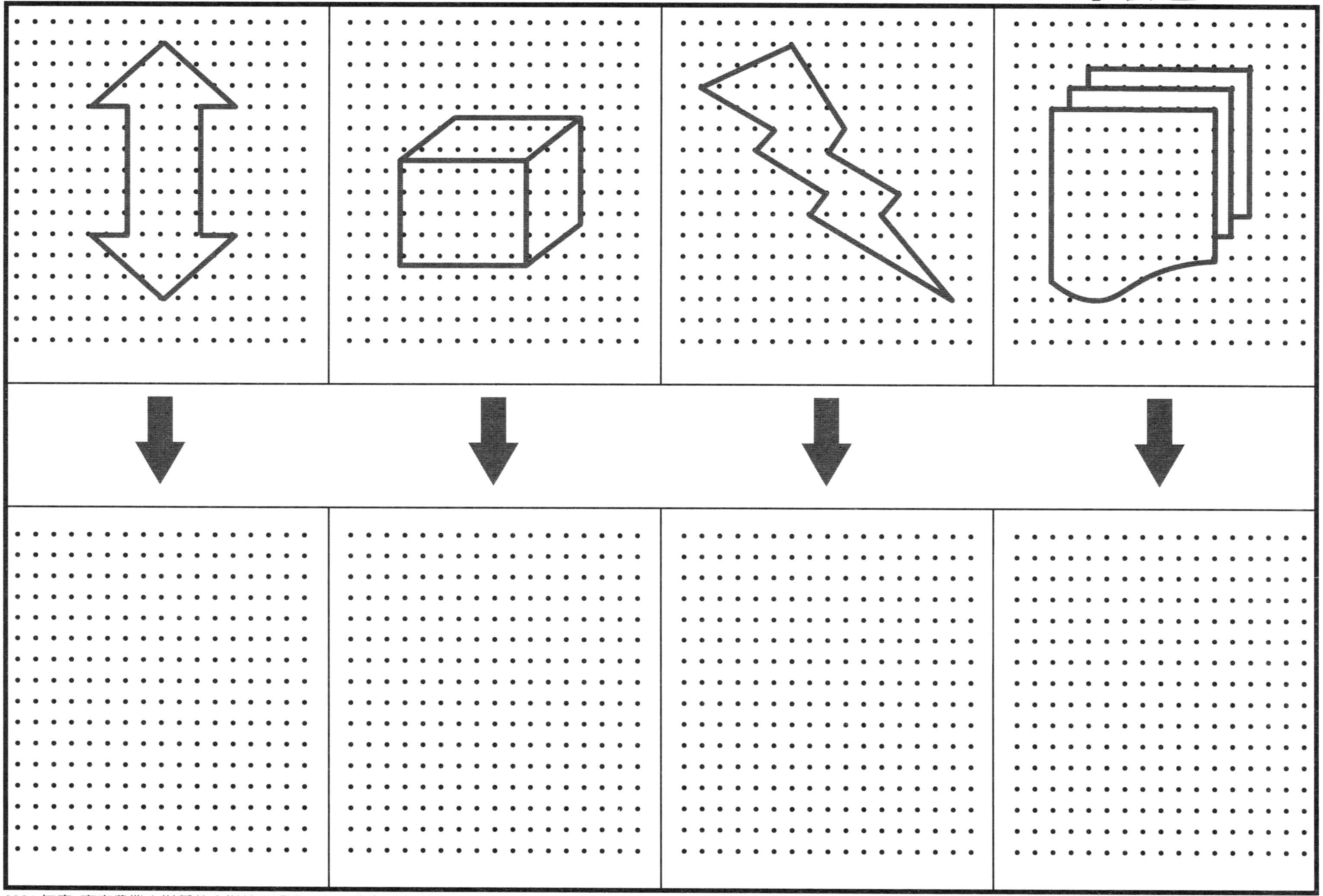

2024 年度 東京農業大学稲花小学校 過去　無断複製／転載を禁ずる　　日本学習図書株式会社

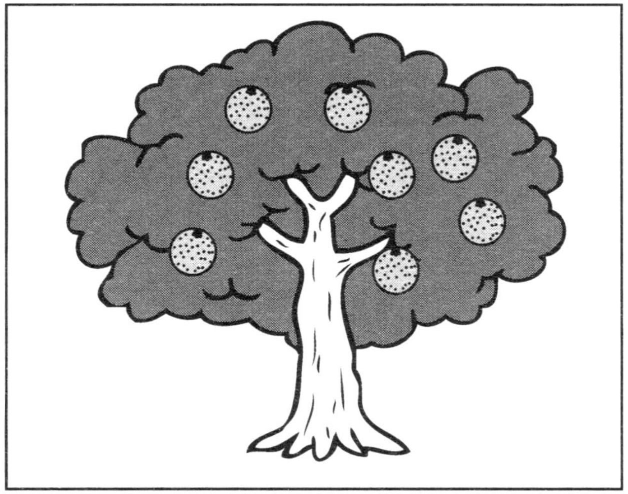

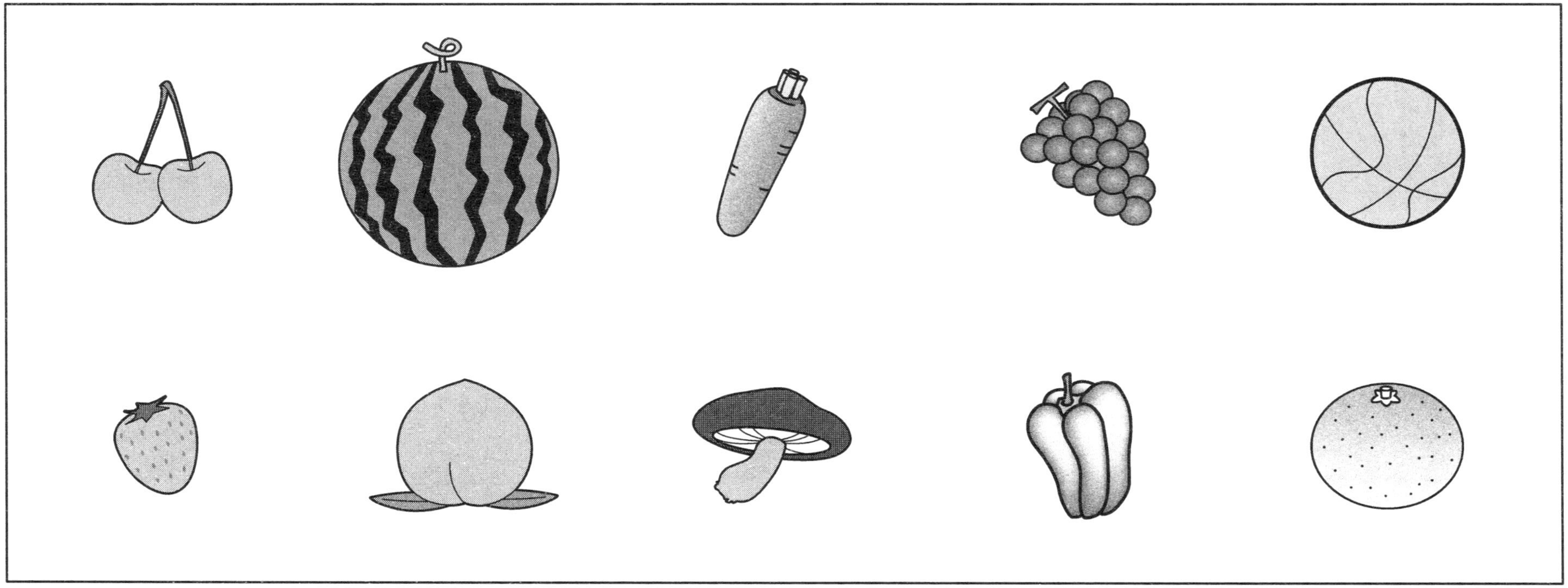

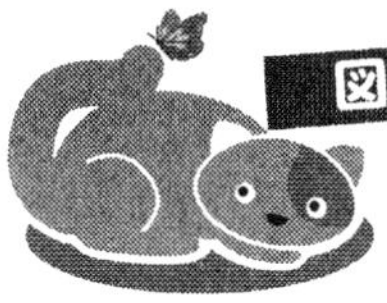

図書カード 1000 円分プレゼント

ご記入日 令和　　年　　月　　日

☆国・私立小学校受験アンケート☆

※可能な範囲でご記入下さい。選択肢は○で囲んで下さい。

〈小学校名〉＿＿＿＿＿＿＿＿＿＿＿＿＿　〈お子さまの性別〉男・女　〈誕生月〉＿＿月

〈その他の受験校〉（複数回答可）＿＿＿＿＿＿＿＿＿＿＿＿＿＿＿＿＿＿＿＿＿＿

〈受験日〉①：＿＿月＿＿日〈時間〉＿＿時＿＿分　～　＿＿時＿＿分

②：＿＿月＿＿日〈時間〉＿＿時＿＿分　～　＿＿時＿＿分

〈受験者数〉男女計＿＿名　（男子＿＿名　女子＿＿名）

〈お子さまの服装〉＿＿＿＿＿＿＿＿＿＿＿＿＿＿＿＿＿

〈入試全体の流れ〉（記入例）準備体操→行動観察→ペーパーテスト

＿＿＿＿＿＿＿＿＿＿＿＿＿＿＿＿＿＿＿＿＿＿＿＿＿＿＿

Eメールによる情報提供

日本学習図書では、Eメールでも入試情報を募集しております。

下記のアドレスに、アンケートの内容をご入力の上、メールをお送り下さい。

ojuken@nichigaku.jp

●行動観察　（例）好きなおもちゃで遊ぶ・グループで協力するゲームなど

〈実施日〉＿＿月＿＿日〈時間〉＿＿時＿＿分　～　＿＿時＿＿分〈着替え〉□有　□無

〈出題方法〉□肉声　□録音　□その他（　　　　　　）〈お手本〉□有　□無

〈試験形態〉□個別　□集団（　　　人程度）

〈会場図〉

〈内容〉

□自由遊び

＿＿＿＿＿＿＿＿＿＿＿＿＿＿＿＿＿＿＿＿＿＿

□グループ活動

＿＿＿＿＿＿＿＿＿＿＿＿＿＿＿＿＿＿＿＿＿＿

□その他

＿＿＿＿＿＿＿＿＿＿＿＿＿＿＿＿＿＿＿＿＿＿

●運動テスト（有・無）　（例）跳び箱・チームでの競争など

〈実施日〉＿＿月＿＿日〈時間〉＿＿時＿＿分　～　＿＿時＿＿分〈着替え〉□有　□無

〈出題方法〉□肉声　□録音　□その他（　　　　　　）〈お手本〉□有　□無

〈試験形態〉□個別　□集団（　　　人程度）

〈会場図〉

〈内容〉

□サーキット運動

□走り　□跳び箱　□平均台　□ゴム跳び

□マット運動　□ボール運動　□なわ跳び

□クマ歩き

□グループ活動＿＿＿＿＿＿＿＿＿＿＿＿＿＿＿＿

□その他＿＿＿＿＿＿＿＿＿＿＿＿＿＿＿＿＿＿

●知能テスト・口頭試問

〈実施日〉 ＿＿月＿＿日 〈時間〉 ＿＿時＿＿分 ～ ＿＿時＿＿分 〈お手本〉 □有 □無

〈出題方法〉 □肉声 □録音 □その他（　　　　　　） 〈問題数〉 ＿＿枚 ＿＿問

分野	方法	内　容	詳　細・イ　ラ　ス　ト
（例） お話の記憶	☑筆記 □口頭	動物たちが待ち合わせをする話	（あらすじ） 動物たちが待ち合わせをした。最初にウサギさんが来た。次にイヌくんが、その次にネコさんが来た。最後にタヌキくんが来た。 （問題・イラスト） ３番目に来た動物は誰か 
お話の記憶	□筆記 □口頭		（あらすじ） （問題・イラスト）
図形	□筆記 □口頭		
言語	□筆記 □口頭		
常識	□筆記 □口頭		
数量	□筆記 □口頭		
推理	□筆記 □口頭		
その他	□筆記 □口頭		

●制作　（例）ぬり絵・お絵かき・工作遊びなど

〈実施日〉＿月＿日　〈時間〉＿時＿分　～　時＿分

〈出題方法〉　□肉声　□録音　□その他（　　　　　　）　〈お手本〉□有　□無

〈試験形態〉　□個別　□集団（　　　人程度）

材料・道具	制作内容
□ハサミ □のり（□つぼ　□液体　□スティック） □セロハンテープ □鉛筆　□クレヨン（　色） □クーピーペン（　色） □サインペン（　色）□ □画用紙（□ A4　□ B4　□ A3 　□その他：　　　　　） □折り紙　□新聞紙　□粘土 □その他（　　　　　　）	□切る　□貼る　□塗る　□ちぎる　□結ぶ　□描く　□その他（　　　　　　） タイトル：＿＿＿＿＿＿＿＿

●面接

〈実施日〉＿月＿日　〈時間〉＿時＿分　～　時＿分〈面接担当者〉＿＿名

〈試験形態〉□志願者のみ（　　）名　□保護者のみ　□親子同時　□親子別々

〈質問内容〉

※試験会場の様子をご記入下さい。

□志望動機　□お子さまの様子

□家庭の教育方針

□志望校についての知識・理解

□その他（　　　　　　　　　　）

（　詳　細　）

・

・

・

・

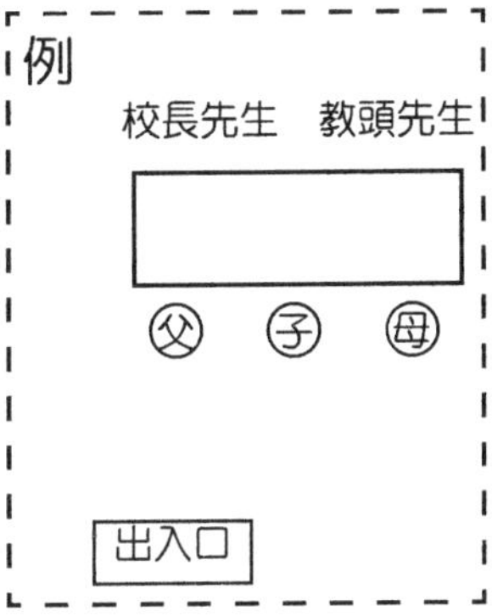

●保護者作文・アンケートの提出（有・無）

〈提出日〉　□面接直前　□出願時　□志願者考査中　□その他（　　　　　　　）

〈下書き〉　□有　□無

〈アンケート内容〉

（記入例）当校を志望した理由はなんですか（150 字）

●**説明会**（□有　□無）〈開催日〉＿＿月＿＿日〈時間〉＿＿時＿＿分～＿＿時＿＿分

〈上履き〉□要　□不要〈願書配布〉□有　□無〈校舎見学〉□有　□無

〈ご感想〉

●**参加された学校行事**（複数回答可）

公開授業〈開催日〉＿＿月＿＿日〈時間〉＿＿時＿＿分～＿＿時＿＿分

運動会など〈開催日〉＿＿月＿＿日〈時間〉＿＿時＿＿分～＿＿時＿＿分

学習発表会・音楽会など〈開催日〉＿＿月＿＿日〈時間〉＿＿時＿＿分～＿＿時＿＿分

〈ご感想〉

※是非参加したほうがよいと感じた行事について

●**受験を終えてのご感想、今後受験される方へのアドバイス**

※対策学習（重点的に学習しておいた方がよい分野）、当日準備しておいたほうがよい物など

＊＊＊＊＊＊＊＊＊＊＊＊　ご記入ありがとうございました　＊＊＊＊＊＊＊＊＊＊＊＊

必要事項をご記入の上、ポストにご投函ください。

なお、本アンケートの送付期限は入試終了後３ヶ月とさせていただきます。また、入試に関する情報の記入量が当社の基準に満たない場合、謝礼の送付ができないことがございます。あらかじめご了承ください。

ご住所：〒＿＿＿＿＿＿＿＿＿＿

お名前：＿＿＿＿＿＿＿＿　メール：＿＿＿＿＿＿＿＿

ＴＥＬ：＿＿＿＿＿＿＿＿　ＦＡＸ：＿＿＿＿＿＿＿＿

アンケートのご記入
ありがとうございました

ご記入頂いた個人に関する情報は、当社にて厳重に管理致します。弊社の個人情報取り扱いに関する詳細は、www.nichigaku.jp/policy.php の「個人情報の取り扱い」をご覧下さい。

分野別 小学入試練習帳 ジュニアウォッチャー

1. 点・線図形	小学校入試で出題頻度の高い『点・線図形』の模写を、難易度の低いものから段階別に幅広く練習することができるように構成。
2. 座標	図形の位置模写という作業を、難易度の低いものから段階別に練習できるように構成。
3. パズル	様々なパズルの問題を難易度の低いものから段階別に練習できるように構成。
4. 同図形探し	小学校入試で出題頻度の高い、同図形選びの問題を繰り返し練習できるように構成。
5. 回転・展開	図形などを回転、または展開したとき、形がどのように変化するかを学習し、理解を深められるように構成。
6. 系列	数、図形などの様々な系列問題を、難易度の低いものから段階別に練習できるように構成。
7. 迷路	迷路の問題を繰り返し練習できるように構成。
8. 対称	対称に関する問題を4つのテーマに分類し、各テーマごとに問題を段階別に練習できるように構成。
9. 合成	図形の合成に関する問題を、難易度の低いものから段階別に練習できるように構成。
10. 四方からの観察	もの（立体）を様々な角度から見て、どのように見えるかを推理する問題を段階別に整理し、1つの形式で複数の問題を練習できるように構成。
11. いろいろな仲間	ものや動物、植物の共通点を見つけ、分類していく問題を中心に構成。
12. 日常生活	日常生活における様々な問題を6つのテーマに分類し、各テーマごとに一つの問題形式で複数の問題を練習できるように構成。
13. 時間の流れ	『時間』に着目し、様々なものごとは、時間が経過するとどのように変化するのかということを学習し、理解できるように構成。
14. 数える	様々なものを『数える』ことから、数の多少の判定やかけ算、わり算の基礎までを練習できるように構成。
15. 比較	比較に関する問題を5つのテーマ（数、高さ、長さ、量、重さ）に分類し、各テーマごとに問題を段階別に練習できるように構成。
16. 積み木	数える対象を積み木に限定した問題集。
17. 言葉の音遊び	言葉の音に関する問題を5つのテーマに分類し、各テーマごとに問題を段階別に練習できるように構成。
18. いろいろな言葉	表現力をより豊かにするいろいろな言葉として、擬態語や擬声語、同音異義語、反意語、数詞を取り上げた問題集。
19. お話の記憶	お話を聴いてその内容を記憶、理解し、設問に答える形式の問題集。
20. 見る記憶・聴く記憶	「見て憶える」「聴いて憶える」という『記憶』分野に特化した問題集。
21. お話作り	いくつかの絵を元にしてお話を作る練習をして、想像力を養うことができるように構成。
22. 想像画	描かれてある形や景色に好きな絵を描くことにより、想像力を養うことができるように構成。
23. 切る・貼る・塗る	小学校入試で出題頻度の高い、はさみやのりなどを用いた巧緻性の問題を繰り返し練習できるように構成。
24・絵画	小学校入試で出題頻度の高い、お絵かきやぬり絵などクレヨンやクーピーペンを用いた巧緻性の問題を繰り返し練習できるように構成。
25. 生活巧緻性	小学校入試で出題頻度の高い日常生活の様々な場面における巧緻性の問題集。
26. 文字・数字	ひらがなの清音、濁音、拗音、拗長音、促音と1〜20までの数字に焦点を絞り、練習できるように構成。
27. 理科	小学校入試で出題頻度が高くなりつつある理科の問題を集めた問題集。
28. 運動	出題頻度の高い運動問題を種目別に分けて構成。
29. 行動観察	項目ごとに問題提起をし、「このような時はどうか、あるいはどう対処するのか」の観点から問いかける形式の問題集。
30. 生活習慣	学校から家庭に提起された問題と思って、一問一問絵を見ながら話し合い、考える形式の問題集。

31. 推理思考	数、量、言語、常識（含理科、一般）など、諸々のジャンルから問題を構成し、近年の小学校入試問題傾向に沿って構成。
32. ブラックボックス	箱や筒の中を通ると、どのようなお約束でどのように変化するかを推理・思考する問題集。
33. シーソー	重さの違うものをシーソーに乗せた時どちらに傾くのか、またどうすればシーソーは釣り合うのかを思考する基礎的な問題集。
34. 季節	様々な行事や植物などを季節別に分類できるように知識をつける問題集。
35. 重ね図形	小学校入試で頻繁に出題されている「図形を重ね合わせてできる形」についての問題を集めました。
36. 同数発見	様々な物を数え「同じ数」を発見し、数の多少の判断や数の認識の基礎を学べるように構成した問題集。
37. 選んで数える	数の学習の基本となる、いろいろなものの数を正しく数える学習を行う問題集。
38. たし算・ひき算1	数字を使わず、たし算とひき算の基礎を身につけるための問題集。
39. たし算・ひき算2	数字を使わず、たし算とひき算の基礎を身につけるための問題集。
40. 数を分ける	数を等しく分ける問題です。等しく分けたときに余りが出るものもあります。
41. 数の構成	ある数がどのような数で構成されているか学んでいきます。
42. 一対多の対応	一対一の対応から、一対多の対応まで、かけ算の考え方の基礎学習を行います。
43. 数のやりとり	あげたり、もらったり、数の変化をしっかりと学びます。
44. 見えない数	指定された条件から数を導き出します。
45. 図形分割	図形の分割に関する問題集。パズルや合成の分野にも通じる様々な問題を集めました。
46. 回転図形	「回転図形」に関する問題集。やさしい問題から始め、いくつかの代表的なパターンから、段階を踏んで学習できるよう編集されています。
47. 座標の移動	「マス目の指示通りに移動する問題」と「指示された数だけ移動する問題」を収録。
48. 鏡図形	鏡で左右反転させた時の見え方を考えます。平面図形から立体図形、文字、絵まで。
49. しりとり	すべての学習の基礎となる「言葉」を学ぶこと、特に「語彙」を増やすことに重点をおき、さまざまなタイプの「しりとり」問題を集めました。
50. 観覧車	観覧車やメリーゴーラウンドなどを舞台にした「回転系列」の問題集。「推理思考」分野の問題ですが、要素として「図形」や「数量」も含みます。
51. 運筆①	鉛筆の持ち方を学び、点線なぞり、お手本を見ながらの模写で、線を引く練習をします。
52. 運筆②	運筆①からさらに発展し、「欠所補完」や「迷路」などを楽しみながら、より複雑な鉛筆運びを習得することを目指します。
53. 四方からの観察 積み木編	積み木を使用した「四方からの観察」に関する問題を練習できるように構成。
54. 図形の構成	見本の図形がどのような部分によって形づくられているかを考えます。
55. 理科②	理科的知識に関する問題を集中して練習する「常識」分野の問題集。
56. マナーとルール	道路や駅、公共の場でのマナー、安全や衛生に関する常識を学べるように構成。
57. 置き換え	さまざまな具体的・抽象的事象を記号で表す「置き換え」の問題を扱います。
58. 比較②	長さ・高さ・体積・数などを数学的な知識を使わず、論理的に推測する「比較」の問題を練習できるように構成。
59. 欠所補完	線と線のつながり、欠けた絵に当てはまるものなどを求める「欠所補完」に取り組める問題集です。
60. 言葉の音（おん）	しりとり、決まった順番の音をつなげるなど、「言葉の音」に関する問題に取り組める練習問題集です。

◆◆ニチガクのおすすめ問題集◆◆

より充実した家庭学習を目指し、ニチガクではさまざまな問題集をとりそろえております!!

サクセスウォッチャーズ（全18巻）

①～⑱
本体各￥2,200＋税

全9分野を「基礎必修編」「実力アップ編」の2巻でカバーした、合計18冊。

各巻80問と豊富な問題数に加え、他の問題集では掲載していない詳しいアドバイスが、お子さまを指導する際に役立ちます。

各ページが、すぐに使えるミシン目付き。本番を意識したドリルワークが可能です。

ジュニアウォッチャー（既刊60巻）

①～60（以下続刊）
本体各￥1,500＋税

入試出題頻度の高い9分野を、さらに60の項目にまで細分化。基礎学習に最適のシリーズ。

苦手分野におけるつまずきを、効率よく克服するための60冊です。

ポイントが絞られているため、無駄なく高い効果を得られます。

国立・私立 NEW ウォッチャーズ

言語／理科／図形／記憶
常識／数量／推理
本体各￥2,000＋税

シリーズ累計発行部数40万部以上を誇る大ベストセラー「ウォッチャーズシリーズ」の趣旨を引き継ぐ新シリーズ!!

実際に出題された過去問の「類題」を32問掲載。全問に「解答のポイント」付きだから家庭学習に最適です。「ミシン目」付き切り離し可能なプリント学習タイプ！

実践 ゆびさきトレーニング①・②・③

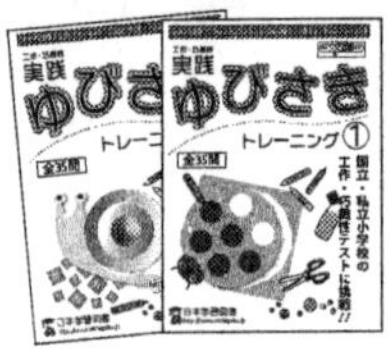

本体各￥2,500＋税

制作問題に特化した一冊。有名校が実際に出題した類似問題を35問掲載。

様々な道具の扱い（はさみ・のり・セロハンテープの使い方）から、手先・指先の訓練（ちぎる・貼る・塗る・切る・結ぶ）、また、表現することの楽しさも経験できる問題集です。

お話の記憶・読み聞かせ

［お話の記憶問題集］
中級／上級編
本体各￥2,000＋税

初級／過去類似編／ベスト30
本体各￥2,600＋税

1話5分の読み聞かせお話集①・②、入試実践編①
本体各￥1,800＋税

あらゆる学習に不可欠な、語彙力・集中力・記憶力・理解力・想像力を養うと言われているのが「お話の記憶」分野の問題。問題集は全問アドバイス付き。

分野別 苦手克服シリーズ（全6巻）

図形／数量／言語／
常識／記憶／推理
本体各￥2,000＋税

数量・図形・言語・常識・記憶の6分野。アンケートに基づいて、多くのお子さまがつまづきやすい苦手問題を、それぞれ40問掲載しました。

全問アドバイス付きですので、ご家庭において、そのつまづきを解消するためのプロセスも理解できます。

運動テスト・ノンペーパーテスト問題集

新 運動テスト問題集
本体￥2,200＋税

新 ノンペーパーテスト問題集
本体￥2,600＋税

ノンペーパーテストは国立・私立小学校で幅広く出題される、筆記用具を使用しない分野の問題を全40問掲載。

運動テスト問題集は運動分野に特化した問題集です。指示の理解や、ルールを守る訓練など、ポイントを押さえた学習に最適。全35問掲載。

口頭試問・面接テスト問題集

新 口頭試問・個別テスト問題集
本体￥2,500＋税

面接テスト問題集
本体￥2,000＋税

口頭試問は、主に個別テストとして口頭で出題解答を行うテスト形式。面接は、主に「考え」やふだんの「あり方」をたずねられるものです。

口頭で答える点は同じですが、内容は大きく異なります。想定する質問内容や答え方の幅を広げるために、どちらも手にとっていただきたい問題集です。

小学校受験 厳選難問集 ①・②

本体各￥2,600＋税

実際に出題された入試問題の中から、難易度の高い問題をピックアップし、アレンジした問題集。応用問題への挑戦は、基礎の理解度を測るだけでなく、お子さまの達成感・知的好奇心を触発します。

①は数量・図形・推理・言語、②は位置・常識・比較・記憶分野の難問を掲載。それぞれ40問。

国立小学校　対策問題集

国立小学校入試問題A・B・C（全3巻）本体各￥3,282＋税

新 国立小学校直前集中講座
本体￥3,000＋税

国立小学校頻出の問題を厳選。細かな指導方法やアドバイスが掲載してあり、効率的な学習が進められます。「総集編」は難易度別にA～Cの3冊。付録のレーダーチャートにより得意・不得意を認識でき、国立小学校受験対策に最適です。入試直前の対策には「新 直前集中講座」！

おうちでチャレンジ ①・②

本体各￥1,800＋税

関西最大級の模擬試験である小学校受験標準テストのペーパー問題を編集した実力養成に最適な問題集。延べ受験者数10,000人以上のデータを分析しお子さまの習熟度・到達度を一目で判別。

保護者必読の特別アドバイス収録！

Q＆Aシリーズ

『小学校受験で知っておくべき125のこと』
『小学校受験に関する 保護者の悩みQ＆A』
『新 小学校受験の入試面接Q＆A』
『新 小学校受験 願書・アンケート文例集500』
本体各￥2,600＋税
『小学校受験のための願書の書き方から面接まで』
本体￥2,500＋税

「知りたい！」「聞きたい！」「こんな時どうすれば…？」そんな疑問や悩みにお答えする、オススメの人気シリーズです。

書籍についてのご注文・お問い合わせ
☎ 03-5261-8951

http://www.nichigaku.jp
※ご注文方法、書籍についての詳細は、Webサイトをご覧ください。

日本学習図書　検索

『読み聞かせ』×『質問』＝『聞く力』

お話の記憶の練習に最適

1話5分の
読み聞かせお話集①②

「アラビアン・ナイト」「アンデルセン童話」「イソップ寓話」「グリム童話」、日本や各国の民話、昔話、偉人伝の中から、教育的な物語や、過去に小学校入試でも出題された有名なお話を中心に掲載。お話ごとに、内容に関連したお子さまへの質問も掲載しています。「読み聞かせ」を通して、お子さまの『聞く力』を伸ばすことを目指します。

①巻・②巻　各48話

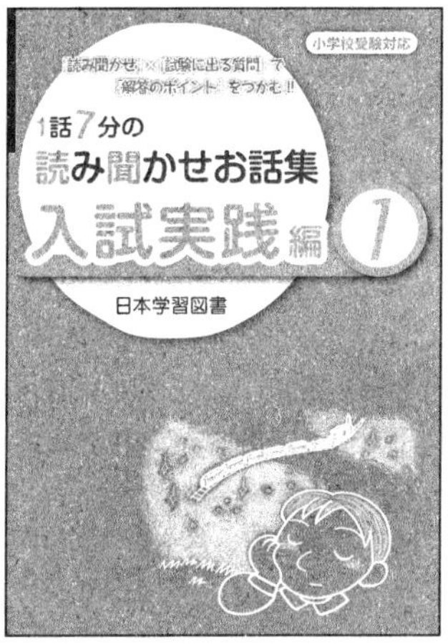

1話7分の読み聞かせお話集
入試実践編①

国立・私立小学校受験対応

最長1,700文字の長文のお話を掲載。有名でない＝「聞いたことのない」お話を聞くことで、『集中力』のアップを目指します。設問も、実際の試験を意識した設問としています。ペーパーテスト実施校の多くが「お話の記憶」の問題を出題します。毎日の「読み聞かせ」と「試験に出る質問」で、「解答のポイント」をつかんで臨みましょう！

50話収録

ニチガクの　この5冊で受験準備も万全！

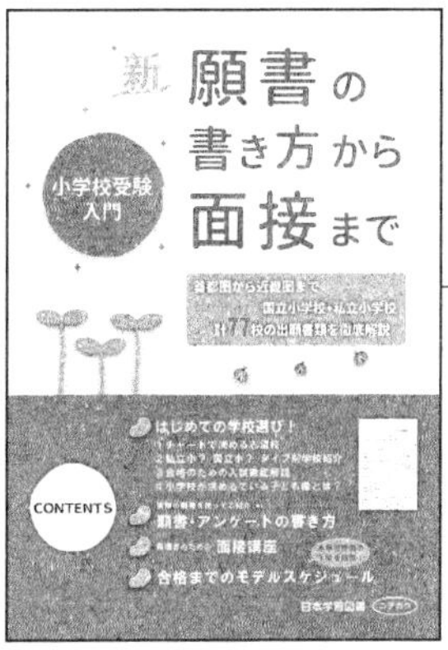

小学校受験入門
願書の書き方から面接まで　リニューアル版

主要私立・国立小学校の願書・面接内容を中心に、学校選びや入試の分野傾向、服装コーディネート、持ち物リストなども網羅し、受験準備全体をサポートします。

小学校受験で
知っておくべき125のこと

小学校受験の基本から怪しい「ウワサ」まで、保護者の方々からの 125 の質問にていねいに解答。目からウロコのお受験本。

新　小学校受験の
入試面接Q＆A　リニューアル版

過去十数年に遡り、面接での質問内容を網羅。小学校別、父親・母親・志願者別、さらに学校のこと・志望動機・お子さまについてなど分野ごとに模範解答例やアドバイスを掲載。

新　願書・アンケート
文例集500　リニューアル版

有名私立小、難関国立小の願書やアンケートに記入するための適切な文例を、質問の項目別に収録。合格を掴むためのヒントが満載！願書を書く前に、ぜひ一度お読みください。

小学校受験に関する
保護者の悩みQ＆A

保護者の方約 1,000 人に、学習・生活・躾に関する悩みや問題を取材。その中から厳選した 200 例以上の悩みに、「ふだんの生活」と「入試直前」のアドバイス２本立てで悩みを解決。

日本学習図書株式会社

東京農業大学稲花小学校　専用注文書

年　　月　　日

合格のための問題集ベスト・セレクション

＊入試頻出分野ベスト３

順位	分野	必要な力
1st	図形	観察力　思考力
2nd	数量	観察力　思考力
3rd	お話の記憶	聞く力　集中力

当校のペーパーテストは解答時間が短いので、素早く考えることが求められます。その上、点図形などでは、書き写すスピードも必要になってくるので、効率よく作業することもポイントになります。

分野	書　名	価格(税込)	注文	分野	書　名	価格(税込)	注文
図形	Ｊｒ・ウォッチャー１「点・線図形」	1,650円	冊	観察	Ｊｒ・ウォッチャー29「行動観察」	1,650円	冊
図形	Ｊｒ・ウォッチャー２「座標」	1,650円	冊	推理	Ｊｒ・ウォッチャー32「ブラックボックス」	1,650円	冊
図形	Ｊｒ・ウォッチャー４「同図形探し」	1,650円	冊	常識	Ｊｒ・ウォッチャー34「季節」	1,650円	冊
図形	Ｊｒ・ウォッチャー５「回転・展開」	1,650円	冊	数量	Ｊｒ・ウォッチャー37「選んで数える」	1,650円	冊
常識	Ｊｒ・ウォッチャー12「日常生活」	1,650円	冊	図形	Ｊｒ・ウォッチャー46「回転図形」	1,650円	冊
数量	Ｊｒ・ウォッチャー14「数える」	1,650円	冊	言語	Ｊｒ・ウォッチャー49「しりとり」	1,650円	冊
推理	Ｊｒ・ウォッチャー15「比較」	1,650円	冊	巧緻性	Ｊｒ・ウォッチャー51「運筆①」	1,650円	冊
言語	Ｊｒ・ウォッチャー17「言葉の音遊び」	1,650円	冊	巧緻性	Ｊｒ・ウォッチャー52「運筆②」	1,650円	冊
言語	Ｊｒ・ウォッチャー18「いろいろな言葉」	1,650円	冊	言語	Ｊｒ・ウォッチャー60「言葉の音（おん）」	1,650円	冊
記憶	Ｊｒ・ウォッチャー19「お話の記憶」	1,650円	冊		お話の記憶問題集 初級編・中級編・上級編	2,200円	各　冊
記憶	Ｊｒ・ウォッチャー22「想像図」	1,650円	冊		新 運動テスト問題集	2,420円	冊
巧緻性	Ｊｒ・ウォッチャー24「絵画」	1,650円	冊		家庭で行う面接テスト問題集	2,200円	冊
常識	Ｊｒ・ウォッチャー27「理科」	1,650円	冊		保護者のための面接最強マニュアル	2,200円	冊
観察	Ｊｒ・ウォッチャー28「運動」	1,650円	冊		１話５分の読み聞かせお話集①・②	1,980円	冊

合計	冊	円

（フリガナ） 氏　名	電　話 ＦＡＸ E-mail
住 所　〒　　　－	以前にご注文されたことはございますか。 有　・　無

★お近くの書店、または記載の電話・FAX・ホームページにてご注文をお受けしております。
電話：03-5261-8951　FAX：03-5261-8953　代金は書籍合計金額＋送料がかかります。
※なお、落丁・乱丁以外の理由による商品の返品・交換には応じかねます。
★ご記入頂いた個人に関する情報は、当社にて厳重に管理致します。なお、ご購入の商品発送の他に、当社発行の書籍案内、書籍に関する調査に使用させて頂く場合がございますので、予めご了承ください。

日本学習図書株式会社
http://www.nichigaku.jp

家庭学習をトータルサポート！ ニチガクのオリジナル 効果的 学習法

1 まずは アドバイスページを読む！

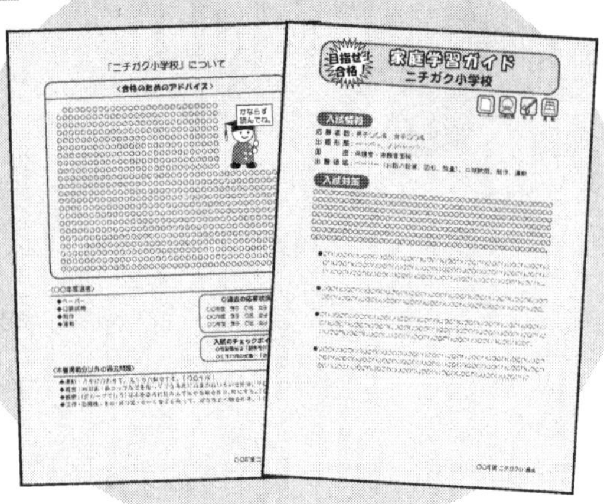

ピンク色です

対策や試験ポイントがぎっしりつまった「家庭学習ガイド」。しっかり読んで、試験の傾向をおさえよう！

2 問題をすべて読み、出題傾向を把握する

3 「学習のポイント」で学校側の観点や問題の解説を熟読

4 はじめて過去問題にチャレンジ！

5 プラスα 対策問題集や類題で力を付ける

過去問のこだわり

最新問題は問題ページ、イラストページ、解答・解説ページが独立しており、お子さまにすぐに取り掛かっていただける作りになっています。
ニチガクの学校別問題集ならではの、学習法を含めたアドバイスを利用して効率のよい家庭学習を進めてください。

各問題のジャンル

問題7 分野：図形（図形の構成） Aグループ男子

〈解 答〉 下図参照

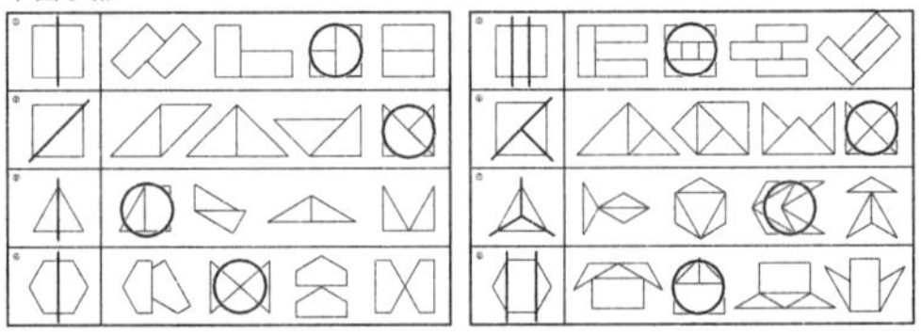

図形の構成の問題です。解答時間が圧倒的に短いので、直感的に答えないと全問答えることはできないでしょう。例年ほど難しい問題ではないので、ある程度準備をしたお子さまなら可能のはずです。注意すべきなのはケアレスミスで、「できないものはどれですか」と聞かれているのに、できるものに○をしたりしてはおしまいです。こういった問題では基礎とも言える問題なので、もしわからなかった場合は基礎問題を分野別の問題集などでおさらいしておきましょう。

【おすすめ問題集】
★ニチガク小学校図形攻略問題集①②★（書店では販売しておりません）
Ｊｒ・ウォッチャー９「合成」、54「図形の構成」

学習のポイント

各問題の解説や学校の観点、指導のポイントなどを教えます。
今日から保護者の方が家庭学習の先生に！

おすすめ対策問題集

分野ごとに対策問題集をご紹介。苦手分野の克服に最適です！
＊専用注文書付き。

2024年度版 東京農業大学稲花小学校 過去問題集

発行日 2023年3月24日
発行所 〒162-0821 東京都新宿区津久戸町 3-11-9F
日本学習図書株式会社
電 話 03-5261-8951 ㈹

・本書の一部または全部を無断で複写転載することは禁じられています。
乱丁、落丁の場合は発行所でお取り替え致します。

ISBN978-4-7761-5493-8

C6037 ¥2000E

定価 2,200 円
(本体 2,000 円＋税 10%)

詳細は http://www.nichigaku.jp 日本学習図書 検索